DOUG KIRKPATRICK

O PODER DO EMPOWERMENT

Desburocratizar, dar autonomia
às equipes e ter resultados
exponenciais

TRADUÇÃO
UBK Publishing House

ubook ubk Publishing House

Publicado mediante acordo com DropCap Rights Agency Edição traduzida do livro *The No-Limits Enterprise: Organizational Self-Management in The New World of Work*, publicado por ForbesBooks (18 Broad Street, Charleston, SC, 29401).

COORDENAÇÃO	Alessandra Brito
EDIÇÃO	Fernanda Avelino
COPIDESQUE	Christian Danniel
REVISÃO	Emerson Xavier e Carol Maganhi
CAPA	Clarissa Duarte
DIAGRAMAÇÃO	Studio Oorka
IMAGEM DE CAPA	tadamichi | Adobe Stock

Dados Internacionais de Catalogação na Publicação (CIP)
(Câmara Brasileira do Livro, SP, Brasil)

Kirkpatrick, Doug
O poder do empowerment! desburocratizar, dar autonomia às equipes e ter resultados exponenciais / Doug Kirkpatrick ; [tradução UBK Publishing House]. -- Rio de Janeiro : Ubook Editora, 2021.

Título original: The No-Limits Enterprise: Organizational Self-Management in The New World of Work
ISBN 978-65-5875-599-9

1. Administração 2. Autonomia 3. Empreendedorismo 4. Equipe de trabalho 5. Negócios I. Título.

21-69850 CDD-658.4036

Ubook Editora S.A

Av. das Américas, 500, Bloco 12, Salas 303/304,
Barra da Tijuca, Rio de Janeiro/RJ.
Cep.: 22.640-100
Tel.: (21) 3570-8150

Para meu querido amigo e mentor, Peter Koestenbaum, PhD, e
para os líderes que ele desafiou a alcançar a grandeza.
Todos nós estamos sobre os ombros de gigantes.

SUMÁRIO

PREFÁCIO

Todos nós nos engajamos de maneira rotineira na autogestão, mas quase nunca nos damos conta disso. Nós decidimos no que prestar atenção e quais livros ler. Decidimos onde viver, o que vestir e o que comer. Decidimos quando trabalhar, quando brincar, quando falar e quando ouvir.

Nós também decidimos que tipo de trabalho preferimos fazer, onde melhor encontrá-lo, e, então, exerceremos esse trabalho todos os dias. Além disso, nós decidimos com quem queremos nos associar, mas para sermos bem-sucedidos, precisamos primeiro confirmar se a outra parte também deseja essa associação. Mais que isso, devemos confirmar se eles estão dispostos e se são capazes para tal; devemos obter o consentimento deles.

Em seu livro anterior, *Beyond Empowerment*, Doug define, de forma clara, a autogestão como algo aplicado às organizações: "A autogestão organizacional é a filosofia dos indivíduos que desempenham, de maneira livre e autônoma, as funções tradicionais de gestão (planejamento, organização, coordenação, pessoal, direção, controle), guiados por princípios claros, sem a adoção de uma hierarquia mecanicista ou arbitrária, que é uma forma unilateral de comando sobre os outros."

Portanto, o que você encontrará neste livro é a aplicação de uma filosofia muito poderosa, que tem o potencial de mudar seu trabalho e sua vida. Com este livro, Doug faz um grande trabalho, tanto para descrevê-la quanto para ensinar a aplicá-la. Na Parte II, Doug apresenta um guia claro e prático de implementação, com várias ferramentas para ajudar a orientá-lo ao longo do caminho. Vale ressaltar que você tem em mãos um livro extremamente prático.

Trata-se também de um livro relevante, pois há uma força incansável que impulsiona a filosofia da autogestão organizacional. Tal força se traduz no ritmo implacável da mudança, que é impulsionada pela tecnologia e não há lugar mais aparente para essa potência do que no novo mundo do trabalho.

As organizações que não conseguem mudar com rapidez estão descobrindo que não podem ser competitivas, pois a capacidade de sentir e reagir, especialmente em escala, é agora vital para a sobrevivência. Com isso, as organizações que estão usando a autogestão estão prosperando de maneira exponencial, porque são mais eficientes, conscientes, adaptáveis e sabem aproveitar as oportunidades, situação que não ocorre com aquelas que não fazem uso de tal ferramenta.

Não é coincidência que muitas das empresas que obtiveram sucesso com a adoção da autogestão sejam, em geral, organizações que vendem software como um produto ou serviço. Essas empresas contemporâneas compreendem o ritmo implacável das mudanças e como aplicar mais autogestão organizacional quando o ritmo das mudanças se acelera.

Trata-se de uma grande tendência que está apenas começando. Este novo livro de Doug é uma obra importante que ajuda a definir o domínio inteiro. *O poder do empowerment! Desburocratizar, dar autonomia às equipes e ter resultados exponenciais* é seu guia de referência sobre os princípios e o passo a passo da implementação da autogestão organizacional.

Por fim, acredito que o livro de Doug certamente será bastante citado e ganhará valor com o passar do tempo. Espero que você goste.

— Daniel Mezick
www.DanielMezick.com
Autor de: *The Culture Game*, *The OpenSpace Agility Handbook* e *Inviting Leadership: Invitation-Based Change™ in the New World of Work*
Guilford, Connecticut
22 de janeiro de 2019.

INTRODUÇÃO

A VIDA É UM SHOW (OU DEVERIA SER)

Os princípios mais simples produzem os efeitos mais poderosos e surpreendentes.

— Thomas Dick, reverendo, astrônomo e filósofo do século XIX

ALGUMAS PESSOAS SÃO SORTUDAS: elas experimentam um momento de muita inspiração na vida, no qual aquilo em que acreditam, aspiram, sonham e praticam se somam em uma única experiência esclarecedora. Para mim, um desses momentos veio há alguns anos, em um show da banda Leahy.

A banda Leahy é formada por oito dos 11 irmãos da família Leahy, os quais foram criados na zona rural de Ontário. O fenômeno Leahy é composto por um grupo dinâmico, explosivo e empolgante dos mais habilidosos e talentosos músicos dançarinos jamais vistos por nós. O que esses homens e mulheres fazem em cima do palco é maravilhoso. A maioria das pessoas — sejam fãs de música ancestral irlandesa ou não — ficaria espantada com o nível de sincronia em uma performance da Leahy, bem como com o nível de excelência que essa família de artistas alcança em suas apresentações.

Na noite em que assisti ao show deles, vi os membros da banda se reunirem, se afastarem e entregarem os holofotes uns aos outros, tudo isso enquanto tocavam em um show perfeito. Além disso, eles sustentavam um tom, uma energia e uma intensidade que nunca terminavam. No fluxo contínuo da apresentação, o líder do momento era quem quer que fosse *necessário*, pois não havia um líder aparente. Assim como não havia músicos ou dançarinos subordinados, uma vez que todos eram essenciais para o sucesso do espetáculo. Por outro lado, algumas vezes um membro da banda recebia destaque; em outros momentos, ele ou ela recuava para aplaudir seus irmãos.

Leahy é uma família e uma banda, mas enquanto eu assistia àquela noite com tantos outros na plateia, Leahy tornou-se o que os próprios irmãos admitem rindo: um *verbo*. Isso porque, em suas apresentações, a Leahy beira à perfeição. Os membros da banda têm liberdade para tocar com paixão e alegria, cada um levando sua realização pessoal a níveis cada vez mais altos, a fim de beneficiar a todos.

Como os membros da banda explicaram em um breve bate-papo durante a apresentação, Leahy também é um *substantivo*: é uma organização que encontrou uma missão, uma estratégia e um processo por trás de sua arte. Os irmãos Leahy são companheiros que acreditam de maneira livre e feroz na missão da banda, por isso fazem tudo o que podem para sustentar a estratégia e trabalham no processo com entusiasmo. A colaboração sustenta tudo, uma vez que o controle exercido por qualquer fonte extinguiria a alegria. Com isso, o virtuosismo e a execução de cada músico são encorajados à perfeição, impulsionando, assim, a Leahy, como entidade, a fazer planos cada vez maiores.

Mesmo durante um único show noturno, era evidente que a conexão familiar entre os irmãos se fazia presente, o que, por vezes, se tornava também uma mentoria, pois os ajustes durante o espetáculo foram acatados por todos, desse modo eles só melhoraram o resultado. No final, tem-se um trabalho em equipe de muita potência e em constante mudança, que se transforma em uma sublime sincronia bem diante da plateia.

Nunca tinha testemunhado o verdadeiro significado de *trabalhar em equipe*, tal como ocorreu na noite em que fui a uma apresentação da Leahy.

Depois disso, pensei no que aquele grupo transcendente de músicos poderia ensinar a todos sobre paixão, sobre igualdade e sobre sentir alegria ao realizar um trabalho de tal forma que cada um de nós lidere, inove e se apresente no mais alto nível. No espaço de aproximadamente duas horas, testemunhei uma demonstração clara e real de princípios simples (paixão, igualdade e alegria de fazer seu trabalho) produzindo uma complexidade magnífica (talento surpreendente e orquestração em inúmeros níveis).

Testemunhei uma demonstração clara e real de princípios simples (paixão, igualdade e alegria de fazer seu trabalho) produzindo uma complexidade magnífica.

Por fim, a euforia que tive naquela noite serviu para reforçar minha crença no meu próprio trabalho — que é ajudar empresas a terem sucesso por meio da renúncia a crenças arcaicas e do seu impulsionamento em direção a dois princípios simples e básicos:

- Primeiro: as pessoas trabalham melhor quando se sentem felizes e apaixonadas por seu trabalho.
- Segundo: elas produzem e inovam em alto nível quando não trabalham somente por obrigação e, mais importante, quando simplesmente se espera que elas mantenham os compromissos que assumiram por livre e espontânea vontade com seus colegas, bem como com sua organização.

Esses princípios não são novos de forma alguma, na verdade são bem simples. Os códigos de compromisso e mecanismos de não coerção serviram de base para os sistemas jurídicos e éticos ao longo da história. Da mesma forma, os fundadores dos Estados Unidos empregaram esses mesmos princípios para formar o sistema de governo norte-americano. De todas as alternativas que eles dispunham, os primeiros líderes norte-americanos instituíram sistemas de controle e equilíbrio para proteger as liberdades humanas; para que as pessoas pudessem buscar seus direitos inalienáveis à vida, à liberdade e à felicidade da forma que achassem melhor; para que os indivíduos pudessem traçar seus próprios destinos. Por fim, o domínio coercitivo sobre os colonos resultou de fato na queda do controle britânico sobre as colônias, e a grande experiência americana de autodeterminação foi lançada.

Claramente trazer paixão, sentimento e humanidade à lei, além de governar e administrar a vida diária, de forma geral, não é apenas uma coisa "boa" a fazer. As chances de sucesso de toda a máquina da civilização são maiores quando os seres humanos necessários para girar as rodas são livres para operar em seus níveis mais altos, e quando reduzimos ou eliminamos o grau em que qualquer grupo ou facção pode exercer autoridade sobre os outros. A vida, como um todo, transcorre melhor quando todos nós investimos em um estado de liberdade, autonomia e boa vontade.

Assim acontece no ambiente de trabalho: pessoas que são encorajadas a inovar, liderar e atuar têm um desempenho melhor. Ainda assim, a publicação na *State of the American Workplace,* da Gallup[1], informa que apenas 33 por cento dos trabalhadores americanos sentem-se engajados no trabalho, com 16 por cento estando "ativamente desengajados" — situação que acarreta um custo de 483 a 605 bilhões de dólares a cada ano em produtividade perdida.

Pessoas que são encorajadas a inovar, liderar e atuar têm um desempenho melhor.

1. "*State of the American Workplace*", Gallup, 2017. Disponível em: www.gallup.com/workplace/238085/state-american-workplace-report2017.aspx?g_source=link_NEWSV9&g_medium=TOPIC&g_campaign=item_&g_content=State%2520of%2520the%2520American%2520Workplace.

O fato é que as empresas simplesmente não podem se dar ao luxo de ter funcionários sem engajamento e que odeiem — ou pelo menos não amem — seus empregos. A gestão tradicional está ultrapassada, uma vez que precisamos de uma nova abordagem de gestão do século XXI, que reanimará as mentes e os corações das pessoas que doam tanto de suas vidas às organizações.

Em sua essência, então, o sucesso no ambiente de trabalho se refere ao *amor*? Chris Rufer, o fundador da Morning Star Company, me fez essa pergunta anos atrás em uma reunião de liderança que ocorreu antes da fundação da empresa. A Morning Star, sediada na Califórnia, tornou-se, desde então, a empresa líder mundial em processamento de produtos à base de tomate. Não é por acaso que ela também é um modelo de empresa totalmente autogerida. Fui membro da equipe fundadora dessa empresa.

Ao construir a primeira fábrica da empresa na cidade de Los Banos em 1990, Rufer ficou convencido de que a autogestão era o sistema operacional adequado para sua organização. Como dono de uma empresa de caminhões nos anos 1970 e início dos anos 1980, ele havia notado como, apesar dos sempre presentes níveis de gestão, as fábricas onde ele entregava suas cargas eram, na maioria, ineficientes e mal administradas. Ele estava convencido de que a burocracia inútil estava por trás de grande parte da ineficácia e da falta de engajamento que ele percebia. Com isso, Rufer decidiu que a Morning Star *não* deveria ter níveis de gestão. Assim como faziam no mundo exterior, os colaboradores da empresa (que antes seriam chamados de "funcionários") iriam gerir a *si mesmos* à medida que passassem por acordos negociados com seus colegas e com a empresa como um todo. Nesse contexto, surge sua pergunta mais inquietante, que reverberou ao longo dos anos, foi: "O que o trabalho tem a ver com o amor?"

Naquele dia (depois que percebemos que ele não estava brincando), nós nos lançamos em torno da noção de amor no ambiente de trabalho e tivemos algumas reflexões, mas nunca respondemos à pergunta para satisfazê-lo. Recentemente, porém, descobri a melhor resposta até agora, que é uma cortesia de Kahlil Gibran: "Trabalho é amor tornado visível." Gibran acrescentou: "E se você não consegue trabalhar com amor, apenas com desgosto, é melhor que você abandone seu trabalho e vá se sentar no portão do templo para receber esmolas daqueles que trabalham com alegria."

A segunda parte da citação pode soar um pouco dura, mas, quando se pensa nisso, trabalho é amor tornado visível. Ao criar valor para os outros, expressamos nossa generosidade junto aos nossos semelhantes. Afinal, não podemos ver um salário como nossa única motivação e satisfação para construir um carro mais seguro, fabricar um marcapasso melhor ou desvendar os mistérios do universo. As pessoas que amam o que fazem estão dando algo aos outros *por meio* daquilo que fazem. Além disso, ao reintegrarmos a humanidade ao ambiente de trabalho, acabamos voltando para casa e espalhando a semente do amor para as outras esferas de nossas vidas também.

Há alguns anos, Stephenie Gloden, líder da unidade de negócios de TI e atendimento ao cliente da Universidade de Phoenix, conheceu meu primeiro livro, *Beyond Empowerment: The Age of the Self-Managed Organization*[2] e decidiu que os princípios abordados na obra funcionariam bem em sua empresa. De acordo com Stephenie, sua unidade de cinquenta pessoas sofria com problemas de responsabilidade e de confiança entre seus colaboradores. Como resultado, o grupo passou a ter problemas de funcionamento, considerando-se a nova estrutura ágil da organização. Embora a empresa tivesse tomado a posição de dar mais autonomia a seus funcionários, sua cadeia hierárquica de comando ainda estava enviando uma mensagem diferente. Os membros da equipe de

---

2.KIRKPATRICK, Doug. *Beyond Empowerment: The Age of the Self-Managed Organization*. Rochester: Jetlaunch, 2017.

Stephenie hesitavam em contornar a estrutura de gestão, por isso ela resolveu buscar ajuda.

Em uma entrevista para um podcast em 2017, Stephenie lembrou: "Doug fez uma pergunta no livro que realmente nos fez pensar. Quando você está sozinho em sua vida pessoal e está comprando uma casa — uma grande decisão a ser tomada — a quem você pede permissão para fazer isso? Você não pede! Você pode consultar alguém ou pesquisar bastante sobre o assunto, mas está tomando essa grande decisão por conta própria. Então, por que quando você entra pelas portas da sua organização, você não pode tomar uma grande decisão de forma semelhante?"

Doze meses depois que sua equipe leu e discutiu *Beyond Empowerment*, sua unidade havia implementado com sucesso a autogestão e seus gargalos haviam desaparecido. Os membros da unidade então descobriram um curioso subproduto do exercício: os princípios não só haviam se mostrado tremendamente úteis para a vida profissional dos membros da equipe, assim como todos os membros descobriram que, por serem tão fundamentais, eles tinham, sem perceber, incorporado os princípios em todos os aspectos da vida fora do ambiente de trabalho, quais sejam: vida civil, comunitária, familiar e na fé.

"Isso mudou, de forma absoluta, a maneira como enxergamos as pessoas e ajudou cada um de nós a crescer como seres humanos", explicou Stephenie. A responsabilidade individual no ambiente de trabalho, disse ela, ajudou a todos a se preocuparem *fundamentalmente* com os outros e "enxergarem a pessoa que está sentada ao lado". Essa foi uma abordagem muito diferente ao de uma organização hierarquicamente estruturada, na qual os trabalhadores buscam seus superiores hierárquicos para gerir as relações dos funcionários, bem como para intervir entre indivíduos e grupos quando problemas surgem.

A história de Stephenie também traz à tona a da Buurtzorg, uma empresa de saúde de muito sucesso sediada na Holanda, que é totalmente autogerida. O fundador visionário, Jos de Blok, e a sua equipe acreditam muito na autonomia e na autogestão, por isso criaram um sistema no qual o poder de decisão vem dos funcionários e não dos chefes, a partir de uma estrutura descentralizada que eliminou a gestão intermediária. Os nove mil enfermeiros, especializados em cuidados domésticos, da Buurtzorg trabalham de forma remota e vão até os pacientes clientes para prestar atendimento, tomando decisões conforme necessário, pois estão mais próximos dos pacientes. Os profissionais de saúde são empregados pela empresa, mas são tratados como profissionais independentes. Nesse sentido, a Buurtzorg é um excelente exemplo de autogestão em ação.

Por outro lado, poderia se imaginar que em uma era de empresas fundadas por jovens empresários, cada vez mais povoadas por trabalhadores millennials, que elas estariam "achatando" suas hierarquias em um ritmo recorde. Afinal, tem sido amplamente divulgado que os millennials, em especial, não se ajustam bem em organizações convencionais e hierárquicas. Todavia, eis a verdade: quando não conseguem autogerir e inovar, tais jovens tendem a abandonar seus empregos. Sendo pai de duas filhas millennials, tenho conhecimento em primeira mão desse fenômeno. Uma de minhas filhas trabalhou para uma revista tecnológica com uma imagem progressista do século XXI — certamente um ambiente de trabalho do futuro, mas nem tanto, como se viu. A empresa ainda estava estruturada como qualquer organização do século XIX teria sido. Minha outra filha arrumou um emprego em uma conhecida organização sem fins lucrativos sediada em Los Angeles. Ela era composta apenas por dez funcionários em seu escritório, mas havia quatro níveis de gestão para perpassar antes que qualquer coisa pudesse ser feita.

Desse modo, as organizações podem se vender como jovens, empreendedoras e futuristas, enquanto ainda operam com modelos arcaicos da Era Industrial. Porém, cada vez mais, os millennials estão deixando claro que, ao contrário dos baby boomers, seus antecessores, eles não pagarão suas contas executando um trabalho trivial durante anos, virando noites e fins de semana para se provar. Hoje, todos os meios de comunicação relatam que os millennials estão revolucionando profissões e negócios como os da saúde e o bancário. Esses setores verticais estão, de fato, enfrentando dificuldades para atrair, integrar e reter a força de trabalho que chega. A campanha se tornou global, pois as empresas de todo o mundo estão finalmente modificando paradigmas organizacionais obsoletos para manter os millennials (falei recentemente com líderes empresariais em Dubai, por exemplo, que estão lidando com os mesmos problemas que nós nos EUA).

O mundo mudou muito desde meu primeiro dia de aula, quando a professora distribuiu giz de cera e uma folha com o desenho de um búfalo e disse aos alunos para pintá-lo de marrom. Naquele dia, eu queria usar duas cores diferentes para criar meu próprio búfalo especial, e, consequentemente, fui reprovado na primeira tarefa de minha carreira acadêmica. Aprendi então que ser criativo, inovador e apaixonado pelo trabalho não era algo valorizado; fazer o que me diziam para fazer era.

Não raro, como adulto, fiquei fascinado com a tensão entre *liberdade organizacional* e *responsabilidade* (como podemos ser livres para inovar dentro de uma organização? A quem devemos a responsabilidade por nosso trabalho, obrigações e o que finalmente conseguimos no ambiente de trabalho?). Tive o privilégio de ser o primeiro *controller* financeiro da Morning Star Company, onde Chris Rufer introduziu os princípios fundamentais da autogestão. Na Morning Star, aprendi que a autogestão organizacional é real, funciona e leva a um desempenho empresarial superior.

Em 2008, ajudei a estabelecer o Morning Star Self-Management Institute [Instituto Morning Star de Autogestão], com a missão de tornar os princípios de autogestão organizacional tangíveis e viáveis por meio da educação, das ferramentas e das práticas eficazes.

Um acidente de carro sério, mas marcante, ocorrido em 2013, só serviu para renovar meu compromisso de compartilhar uma visão de um futuro melhor para as condições dos ambientes de trabalho em todo o mundo e, em vez de me fazer retrair, reacendeu minha determinação de ver o empreendimento do século XXI renascer.

Hoje, como sócio da empresa de consultoria internacional de amplo espectro NuFocus Strategic Group, presto consultoria de autogestão em toda a América do Norte e em todo o mundo. Compartilho a mensagem de inovação organizacional por meio dos meus livros, palestras TEDx, artigos e postagens. A inovação organizacional é minha vocação pessoal, assim como também me engajo com a Great Work Cultures, com o The Work Revolution[3], com o Center for Innovative Cultures[4] e com outros grupos, bem como comunidades cujo objetivo é cocriar as organizações do futuro.

Com este livro, você pode iniciar sua própria jornada rumo a uma empresa do século XXI, cujo potencial de crescimento será ilimitado. Por meio desta obra, você obterá uma clara compreensão do poder imensurável de seu próprio ambiente e de sua força de trabalho. Aqui, você aprenderá:

- Por que o colapso doméstico e global da burocracia significa que o futuro do ambiente de trabalho está *aqui e agora.*
- Como os princípios de autogestão, fundamentais para a própria vida, geram uma rede de *poder ilimitada* em todo o ambiente de trabalho. Inovação, liderança e paixão estão por toda parte, impulsionando empresas a alturas ilimitadas.
- Por que "gerir" outras pessoas no ambiente de trabalho é obsoleto e, em última análise, autodestrutivo em vários níveis.
- Por que, neste momento, sua própria empresa está pagando uma enorme "tarifa de gestão" e como você pode,

3. Disponível em: www.workrevolution.org.

4. Disponível em: www.innovativecultures.org.

em vez disso, usar esses fundos para investir no crescimento imediato.

- Como os modernos motores da autogestão estão transformando as hierarquias tradicionais em redes para várias empresas e isso pode incluir a sua.
- Como autoavaliar, de forma rigorosa, o sucesso na esfera corporativa e pessoal, antes de seguir rumo a uma transformação empresarial.
- Como pensar e administrar de maneira hábil as considerações e implicações para a autogestão antes da implementação.
- Como construir um argumento poderoso, perante outras pessoas em sua empresa, cujo objetivo é defender uma transformação por meio da autogestão.
- Como usar modelos de autogestão do mundo real e as melhores práticas já comprovadas, as quais devem compor seu guia de transformação empresarial para garantir o sucesso.

Sim, o mundo mudou bastante desde que se esperava que coloríssemos com um único giz de cera, ficássemos comportados e não fizéssemos perguntas. Hoje, nosso mundo em rápido movimento e em constante expansão exige líderes engajados, inovadores e auto-orientados. Estes são líderes que se preparam para promover ambientes de trabalho onde todos se esforçam em conjunto, sem medo e comprometidos com

Qualquer organização pode utilizar O poder do Empowerment, na qual cada indivíduo tem liberdade para inovar e desvendar novos caminhos que beneficiem a todos. Tais desafios não exigem níveis complexos de gestão, porém exigem a capacidade de descartar níveis antigos de controle e confiança no mais simples de todos os traços humanos: o desejo de criar com dedicação e amor.

a busca apaixonada da excelência dentro de uma organização direcionada para o sucesso ilimitado. *Qualquer* organização pode utilizar O poder do Empowerment, na qual cada indivíduo tem liberdade para inovar e desvendar novos caminhos que beneficiem a todos. Tais desafios não exigem níveis complexos de gestão, porém exigem a capacidade de descartar níveis antigos de controle e confiança no mais simples de todos os traços humanos: o desejo de criar com dedicação e amor.

— **Doug Kirkpatrick**, São Francisco, Califórnia, 2019.

PARTE I

A PROMESSA DA AUTOGESTÃO

Propósitos e princípios simples e claros dão origem a um comportamento inteligente e complexo. Regras e regulamentos complexos dão origem a um simples comportamento estúpido.

— DEE W. HOCK, FUNDADOR DA VISA

CAPÍTULO I

O COLAPSO DA BUROCRACIA

Posso dizer, sem a menor hesitação, que a ciência do manuseio do ferro-gusa é tão incrível que o homem que é fisicamente capaz de manuseá-lo, bem como é tranquilo e estúpido o suficiente para escolher essa ocupação, pouco é capaz de compreender a ciência do seu manuseio.

— FREDERICK WINSLOW TAYLOR, INVENTOR AMERICANO, ENGENHEIRO E PAI DA ADMINISTRAÇÃO CIENTÍFICA

NA PRIMAVERA DE 1990, em uma pequena fazenda nos arredores de Los Banos, Califórnia, dentro de uma cozinha usada como "sala de conferência", o empresário de caminhões Chris Rufer estava planejando a criação de uma fábrica de processamento de tomates e fundando o que se tornaria uma empresa de manufatura totalmente interligada e não hierárquica: a Morning Star Company. Não por acaso, as agora três fábricas de processamento da Morning Star da Califórnia são as maiores instalações individuais do setor e, juntas, compreendem a maior empresa de processamento de tomates do mundo. No entanto, em 1990, enquanto as sementes de tomate já estavam brotando, Rufer e sua equipe de lançamento estavam se concentrando em colocar a nova fábrica em funcionamento, ele percebeu que, para a startup ser bem-sucedida de início, eles precisariam buscar uma vantagem inovadora. Afinal de contas, as obrigações das partes interessadas, as garantias pessoais e os trabalhadores deslocados tinham aumentado os riscos.

Mas Rufer também estava pensando em outra coisa. Com o benefício de um MBA (juntamente a anos de estudo autodidata em filosofia), ele estava considerando o persistente modelo de burocracia do século XIX no ambiente de trabalho, e como isso dificultava o sucesso de empresas grandes e pequenas. Em sua ocupação anterior como fundador da empresa de caminhões Morning Star, ele não só havia passado pela faculdade, como também havia notado repetidamente que as fábricas onde ele entregava suas cargas — exemplos de gestão burocrática — eram muitas vezes mal administradas.

Rufer percebeu que a burocracia no ambiente de trabalho reprimia a liberdade humana, a criatividade, a inovação e a colaboração. Ele viu que, no processo, ela obstruía a busca da excelência e, contrariando sua intenção original, impedia que as iniciativas tivessem o sucesso que deveriam. Rufer há muito tempo estava inclinado às questões filosóficas, aos princípios humanos e às práticas de gestão no ambiente de trabalho. Ele havia lido extensivamente sobre esses assuntos e, por essa razão, passou a acreditar que as pessoas trabalham melhor quando possuem liberdade para gerir a si mesmas no trabalho da mesma forma como se gerem na vida cotidiana. Além disso, ele estava

Rufer percebeu que a burocracia no ambiente de trabalho reprimia a liberdade humana, a criatividade, a inovação e a colaboração. Ele viu que, no processo, ela obstruía a busca da excelência e, contrariando sua intenção original, impedia que as iniciativas tivessem o sucesso que deveriam.

convencido de que aqueles que tinham liberdade para aprender a gerir a si mesmos, com habilidade e confiança, eram geralmente mais felizes e bem-sucedidos na vida. Ele chegou à conclusão de que as pessoas eram seres *fundamentalmente* autogeridos e funcionavam melhor dessa forma. Ele concluiu que uma empresa autogerida era, portanto, o melhor modelo possível para o sucesso definitivo tanto dos trabalhadores quanto das empresas.

A nova fábrica de processamento de tomates de Rufer, batizada de Morning Star, assim como sua antecessora, uma empresa de caminhões, seria construída não apenas de aço e tijolos, como, teria, ainda, uma estrutura de "processo natural" baseada em filosofia e princípios, bem como seria uma forma de testar a sua teoria. No ambiente de trabalho totalmente plano (não hierárquico) da Morning Star, não haveria gestores nem se aceitaria coerção. Os colaboradores da organização teriam sucesso por meio de compromissos sólidos uns com os outros à medida que executassem seus processos diários de trabalho.

No final das contas, tanto os trabalhadores da Morning Star quanto sua organização tiveram um brilhante sucesso. De acordo com o que a autoridade em processos empresariais Roger T. Burlton escreveu em seu livro *Business Process Management: Profiting from Process* (2001): "A Morning Star é o melhor exemplo que eu já vi de uma empresa madura e gerenciada por processos. Em nenhum outro lugar eu testemunhei ou mesmo ouvi falar de uma empresa que é tão propícia a gerenciar seus relacionamentos de forma tão natural, isto é, de forma processual e empoderada, além de ser um ótimo lugar para se trabalhar."

Nos anos após a avaliação entusiasmada de Burlton sobre a Morning Star, empresas autogeridas surgiram em todo o mundo. Algumas são organizações totalmente planas, enquanto outras são mais bem categorizadas como modelos para o ambiente de trabalho do futuro, oferecendo suas próprias versões de autogestão. Da mesma forma que ocorre em uma holocracia, tais organizações são comumente chamadas de "cracias" (como nas equipes auto-organizadas da varejista de sapatos on-line Zappos). No entanto, não importa qual forma de organização que um futuro líder empresarial venha a adotar, o importante é que todos cheguem à conclusão de que a burocracia não funciona bem nem para as empresas do século XXI, tampouco para os seres humanos que nelas trabalham. Pelo menos não no mundo como o conhecemos hoje, e, certamente, não no mundo que em breve conheceremos.

Burocracia em colapso

O fato é: o modelo de trabalho inflexível, ineficaz, burocrático e hierárquico, no qual a maioria das pessoas passa com desconforto por mais da metade de suas vidas, é ultrapassado de forma irremediável. A cada ano, enormes somas de dinheiro e uma quantidade espantosa de tempo das empresas são gastos lidando exclusivamente com questões de gestão, as quais são relativas à produção, vendas, vantagem competitiva e reorganização estratégica, mas não com as iniciativas em si. Essas despesas não levam em conta nem mesmo o tempo e o dinheiro dedicados a questões de gestão de recursos humanos, que abrangem recrutamento, contratação, integração, retenção, engajamento, toxicidade no ambiente de trabalho, falta de diversidade, demissão, recolocação, moral, questões de assédio e muito mais.

De acordo com o que a Gallup informa, não há engajamento em 67 por cento dos ambientes de trabalho estadunidenses com a organização, e 16 por cento dos trabalhadores ativos não têm engajamento com ela .

De acordo com o que a Gallup informa, não há engajamento em 67 por cento dos ambientes de trabalho estadunidenses com a organização, e 16 por cento dos trabalhadores ativos não têm engajamento com ela. Pode-se imaginar uma miríade de formas de falta de engajamento ativo, incluindo práticas de trabalho inseguras, fofocas, assédio, uso de drogas, uso inapropriado da mídia social, absenteísmo e até mesmo sabotagem. Com o custo em dólar de tal falta de engajamento estimado em cerca de meio *trilhão* de dólares em perda de produção a cada ano, o relatório aponta para uma crise de gestão que está tendo longas e sérias repercussões na economia global[5].

Um ambiente de trabalho sem burocracia

Então, como seria o ambiente de trabalho se as pessoas realizassem atividades que as fizessem felizes e lhes permitissem desfrutar de relações de trabalho produtivas e satisfatórias com seus pares, sem ser coagido a "produzir", criando valor e prazer para outros seres humanos? É um sonho utópico acreditar que as pessoas no trabalho podem respeitar o tempo, a compaixão e a energia uns dos outros, como também podem contribuir de forma generosa para a sociedade e para o resto da humanidade?

E se eu lhe dissesse que o mencionado cenário permitiria que uma empresa — *sua* empresa — concentrasse cem por cento de sua energia e atenção no equilíbrio das necessidades de todas as partes interessadas e, ao mesmo tempo, oferecesse o melhor valor possível em produtos e serviços a seus clientes? Afinal, a definição de *lucro* no mundo real é "gerar mais valor do que você consome".

Se o ganho mútuo para as pessoas, os negócios e a sociedade que apresento parece impossível para você, então você deveria saber que agora mesmo, em cada vez mais locais ao redor do mundo, líderes vanguardistas, como Chris Rufer, estão colhendo os benefícios da autogestão, e você também pode. Para chegar lá, você precisará ver o ambiente de trabalho e o potencial de sua

5. "*State of the American Workplace*", Gallup, 2017. Disponível em: www.gallup.com/workplace/238085/state-american-workplace-report-2017.aspx?g_source=link_.

empresa sob uma ótica totalmente nova, assim como precisará se livrar das suposições e crenças há muito tempo defendidas, que não têm servido a você ou a seus colegas líderes empresariais por décadas, talvez um século. Agora mesmo, quer você saiba ou não, você e os demais líderes de negócios estão atolados em um modelo de hierarquia organizacional burocrática da Era Industrial do século XIX, que está cambaleando sob níveis decadentes de gestão. Esse detrito gerencial *nunca* foi avaliado de forma clara por seu verdadeiro impacto sobre o ambiente de trabalho, seus funcionários, sua empresa e seu potencial de lucro.

É hora de analisar bem a burocracia no ambiente de trabalho e entender exatamente por que ela não funciona mais no mundo de hoje.

Burocracia do século XIX em um mundo do século XXI

Com o início da Era Industrial, no final do século XVIII, os líderes empresariais em todos os lugares começaram a procurar modelos organizacionais existentes para aumentar a produção e fornecer os bens e serviços necessários para as massas. Não surpreendentemente, eles perceberam que os militares ofereciam o melhor (e, francamente, o único) modelo organizacional para recrutar, mobilizar, treinar, organizar e gerir os enormes grupos de trabalhadores, qualificados ou não, que seriam necessários para produzir vastas quantidades de grandes e pequenos produtos. Para uma nação com dificuldades para construir uma ferrovia transcontinental e que dispunha apenas do Código Morse, de telégrafos e do Pony Express (um histórico correio expresso, que levava correspondências a cavalo cruzando territórios selvagens dos EUA) para o fluxo de informações, a burocracia não era apenas a melhor escolha para os tomadores de decisão da época, era a única escolha.

As necessidades por produtos e serviços aumentavam de forma rápida. As empresas precisavam de legiões de trabalhadores para acompanhar essa demanda, e elas precisavam mantê-los produzindo a pleno vapor ou sofreriam as consequências competitivas. A gestão logo se tornou o óleo que lubrificava as engrenagens. Os trabalhadores eram os dentes das engrenagens e precisavam de óleo.

Frederick W. Taylor (autor da citação que abriu este capítulo) surgiu como uma voz de liderança das práticas de gestão do século XIX, estabelecendo os parâmetros da burocracia nos negócios por ainda mais de um século. Aclamado como o pai da administração científica, ele acreditava em *afastar* o controle dos trabalhadores (que até então determinavam as melhores maneiras de executar suas tarefas) para dá-lo a gestores treinados para supervisioná-los. Ele sustentava que, para se desenvolver uma maior eficiência no novo mundo de produção em massa, os gestores eram mais bem qualificados para lidar com o trabalho de planejamento inteligente, enquanto os trabalhadores braçais executariam conforme especificado e comunicado a eles. Pouco tempo depois, o ressentimento no ambiente de trabalho tornou-se um desafio adicional para a gestão. As rebeliões e greves dos operários se tornaram mais comuns. Para atender aos novos desafios gerenciais, foram acrescentados níveis adicionais de gestores de vários tipos.

Durante o próximo século, a burocracia no mundo dos negócios iria revelar camada após camada de gestão de comando e de controle, através das quais as informações chegariam aos trabalhadores, mas raramente fluiriam na direção oposta. Os patrões considerariam seus trabalhadores como "recursos" humanos dispensáveis ou "horas-homem". Já a gestão e suas práticas, se multiplicariam para lidar com constelações inteiras de questões relacionadas à repressão e ao ressentimento dos funcionários.

Com repressão ou não, no mundo dos negócios do século XIX — uma era de processos lineares de trabalho que muitas vezes exigiam uma força cerebral limitada —, ter chefes, supervisores, gerentes e subgerentes com informações em cascata, no estilo militar, podia fazer um certo sentido. Afinal, os sistemas de comunicação eram primitivos; de que outra forma os trabalhadores teriam acesso a informações relevantes, em tempo real, sobre qualquer coisa que se aproximasse? Na maioria das facetas da vida, as pessoas confiavam em um fluxo de informação que vinha dos tomadores de decisão que faziam parte do topo, informação esta que seria filtrada até as pessoas que faziam o trabalho.

Hoje, porém, o conceito de gestão burocrática está repleto de desafios não apenas para o mundo dos negócios, mas dentro dos ambientes militares para os quais foi projetado. Há algum tempo, a mídia tem noticiado que os serviços armados estão fazendo a transição para modelos autogerenciados em algumas áreas selecionadas. Alguns postos e processos persistem, mas divisões e entidades inteiras, como os SEAL da Marinha dos Estados Unidos e as operações de voo de porta-aviões, são em grande parte ou completamente autogeridas, assim como os militares Blue Angels e os Thunderbirds, que voam em formação a mais de quatrocentas milhas por hora.

Por outro lado, não é segredo que ao longo de muita história, ressentimento e frustração com o poder e a burocracia têm por vezes se manifestado nas fileiras do serviço armado como "fragmentação". Durante o conflito do Vietnã, por exemplo, enquanto os oficiais comandantes exerciam o poder absoluto e as tropas não podiam suportar a tensão, sabe-se que os soldados eventualmente arremessavam granadas erroneamente em oficiais particularmente opressivos (ato conhecido como "fragmentação"). Parece que até mesmo os militares não se submetem à coerção desnecessária quando são capazes de gerir a si mesmos e as habilidades que eles desenvolveram.

Preguiça e estupidez vs. trabalho com propósito

Uma rápida revisão da Teoria X e Teoria Y, teorias contrastantes defendidas no final dos anos 1950 por Douglas McGregor na

Escola de Administração do MIT, deixa bem claras as razões para o ressentimento de coerção:

> A **Teoria X** (descrevendo o pensamento burocrático da administração) supõe que os funcionários de nível básico têm pouca ambição, evitarão o trabalho e a responsabilidade se não forem geridos, e se orientam apenas pela busca de seus próprios objetivos. Ela supõe que tais indivíduos procuram trabalhar por um salário mínimo, são geralmente preguiçosos, não inerentemente inteligentes e respondem melhor a um estilo de recompensa/repreensão de gestão prática.
>
> A **Teoria Y**, por outro lado, supõe que a maioria das pessoas trabalha para a satisfação pessoal acima da renda, quer desfrutar de seu trabalho e sente-se internamente motivada para alcançar conquistas para sua organização. Tais funcionários são considerados ativos valiosos para uma empresa e, além disso, podem realmente impulsionar o sucesso dela. Os trabalhadores da Teoria Y se consideram responsáveis por sua produção, não precisam ser geridos por outros para alcançá-la e procuram criar produtos e serviços de alta qualidade para suas organizações.

Um exemplo perfeito de uma organização da Teoria Y na prática do século XXI é a quase plana W.L. Gore and Associates (fabricantes de tecidos Gore-Tex, dispositivos médicos, entre outros produtos), frequentemente chamada de a empresa mais inovadora da América. Por meio de seus associados autogerenciados, a W.L. Gore é conhecida por oferecer resultados excepcionais aos clientes e consumidores, e por ser pioneira na adoção e implementação de conceitos que a tornaram um ícone na liberdade de trabalho. Ano após ano, a W.L. Gore ocupa rotineiramente o topo da lista das "100 Melhores Empresas para se Trabalhar" da revista *Fortune*, ao mesmo tempo em que ultrapassa três bilhões de dólares em receitas anuais.

Por outro lado, um sério inconveniente da Teoria X é o fato de que, para um cliente, a empresa é o indivíduo daquela organização que está fazendo a interface com ele. Qualquer pessoa que já tenha passado algumas horas frustrantes ao telefone com um representante de uma empresa de TV a cabo sabe como é estar na extremidade receptora de uma cadeia muito longa de comando e controle. Nem o cliente nem o funcionário emerge de tal interação com bons sentimentos sobre o conglomerado por trás dos panos. Mas pode haver consequências ainda mais graves para as organizações modeladas por meio da Teoria X que geram disfunções. A consequência mais grave é o colapso da própria estrutura burocrática da organização, que muitas vezes fica desatenta até que a catástrofe aconteça.

Quando a burocracia entra em colapso

Embora tenha havido inúmeros incidentes de colapsos burocráticos nos tempos modernos, um dos mais notáveis deve ser o Desastre de Bopal, da *Union Carbide Corporation*, em dezembro de 1984, no qual o número de mortes por vazamento de gás químico foi estimado por algumas fontes como tendo atingido 16 mil nas semanas, meses e anos seguintes ao trágico incidente. Nunca se determinou se o vazamento em si foi devido a falhas de responsabilidade ao longo das cadeias de comando (começando pelo então presidente e CEO da UCC, Warren Anderson), ou se um funcionário descontente foi responsável pela sabotagem. Ainda assim, permanece indiscutível que o colapso burocrático generalizado em toda a organização desempenhou um papel decisivo no desastre.

Os colapsos burocráticos nem sempre são tão transparentes como no desastre da Union Carbide, pois são muitas vezes insidiosos, mesmo que generalizados. As causas de tais falhas, no entanto, geralmente são atribuídas aos trabalhadores da empresa que passam a maior parte de suas horas de vigília se desligando, pois estão emocionalmente desconectados de um ambiente de trabalho que seus chefes e gestores querem que eles atendam com afinco.

Por que o desapego nasce repetidamente? Com as muitas camadas de gerenciamento mais iniciativas de gestão que a maioria das empresas coloca em prática, por que os trabalhadores "gerenciados" são tão descomprometidos com o sucesso da empresa? Quais são os desafios ocultos dentro de uma estrutura organizacional burocrática? Por que a gestão burocrática não parece funcionar, e o que, exatamente, é "gestão", afinal?

A verdade sobre gestão

A gestão, de forma simples, refere-se a como as coisas sempre foram feitas. É como os egípcios construíram as pirâmides, como os chineses construíram a Grande Muralha da China, e como os americanos criaram o Projeto Apollo e levaram o homem à lua. Tudo o que é realizado no ambiente de trabalho ou em nossa vida diária é feito por meio de algum tipo de gestão. No entanto, existem vários tipos de gestão. As pirâmides e a Grande Muralha da China, por exemplo, foram construídas por escravos, e a escravidão é a forma extrema de gestão de comando e controle. Todos os outros exemplos de gestão formalizada (ambiente de trabalho) em nossa cultura ocidental são baseados na associação com organizações, chefes, gestores e supervisores.

Se visualizarmos uma linha contínua de gestão, poderíamos dizer que a gestão de comando e controle (a forma de gestão herdada dos militares é típica das organizações com hierarquias burocráticas) está no meio. Isso coloca a escravidão no início, enquanto a autogestão genuína (a forma como as pessoas gerenciam suas próprias vidas no cotidiano) fica no final.

A maioria das nuances da gestão formalizada representa alguma forma de comando e controle que depende de certos níveis de força ou coerção para induzir as pessoas a fazerem seus trabalhos. Não é surpresa, portanto, que a linguagem jurídica de mestre e servo ainda pareça associada ao centro da já citada linha contínua de gestão. Expressões como “trabalho escravo” no escritório ou receber um “salário de escravo” são tão comuns hoje como sempre foram.

A palavra “funcionário” é definida pelo Dictionary.com como: “uma pessoa que trabalha para outra pessoa ou empresa em troca de um pagamento”, ainda é a palavra mais usada para pares no ambiente de trabalho, embora esteja extraordinariamente ultrapassada. (Certamente, nenhum millennial lhe dirá que o objetivo de sua vida é trabalhar para outra pessoa quando o que ele procura é propósito e significado para seu trabalho). Os gestores ainda se referem a “subordinados diretos” e “recursos humanos” como se não fossem seres humanos, e “efetivo” e “horas-homem” como se nenhum corpo estivesse ligado ao trabalho que é feito por magia. No entanto, no mundo da gestão, a linguagem desumanizada não é um fato isolado; ela é ensinada e perpetuada, projetada para evitar que os gestores se relacionem com seus subordinados como seres humanos cheios de criatividade, ideias e entusiasmo para contribuir. Afinal, é mais complicado controlar as pessoas do que os objetos, e no que diz respeito à gestão, um certo nível de desprendimento torna as coisas mais fáceis.

A gestão na vida diária é fluida. Ela envolve uma boa dose de conexões e pactos e acende a centelha criativa dentro de muitos de nós. Mais do que isso, ela exige que mudemos constantemente de direção conforme a necessidade, que nos reajustemos conforme necessário, e que nos reassociemos com novos parceiros e contatos para novas tarefas. No nosso dia a dia, a maioria de nós não é apenas autogestor, somos também metamorfos, pois, de alguma forma, nos tornamos o que precisamos ser a qualquer momento.

No lado direito da linha contínua de gestão (em que, em sua vida diária, as pessoas são de alguma forma capazes de realizar o que precisam), os seres humanos compram casas e carros, criam seus filhos e administram o inventário e as compras domésticas. Eles transitam pelo país ou pelo mundo. Eles navegam por finanças, seguros, assistência médica e muito mais.

Ainda assim, na vida cotidiana, a gestão não é previsível ou estática. Sem dúvida, a vida cotidiana não é um lugar preciso e controlado. E ainda assim, as coisas são feitas, muitas vezes, de forma altamente inovadora e com uma boa dose de compromisso e até mesmo de alegria. As pessoas encontram outras para ajudá-las e concordam em ajudar umas às outras; elas garantem que as crianças sejam pegas na escola e alimentadas na hora do jantar. Eles até confinam toda a família em uma viagem de férias planejada de forma intrincada. A gestão na vida diária é fluida. Ela envolve uma boa dose de conexões e pactos e acende a centelha criativa dentro de muitos de nós. Mais do que isso, ela exige que mudemos constantemente de direção conforme a necessidade, que nos reajustemos conforme necessário, e que nos reassociemos com novos parceiros e contatos para novas tarefas. No nosso dia a dia, a maioria de nós não é apenas autogestor, somos também metamorfos, pois, de alguma forma, nos tornamos o que precisamos ser a qualquer momento: enfermeiro, técnico, fabricante de móveis, chef, mecânico de automóveis, construtor de decks, consultor de moda, o que você quiser. Não é, no mínimo, um estado de existência controlada. E ainda assim, de alguma forma, funciona, e *as coisas são feitas*.

Destaque-se que fazer as coisas acontecerem é gerenciar.

41 SINAIS DE COLAPSO BUROCRÁTICO

Confira a lista ou (se tiver coragem) peça a uma amostra aleatória de trabalhadores para lhe dar um feedback anônimo. Quantos itens a seguir são realidades em seu ambiente de trabalho?

1. As pessoas se demitem com frequência.
2. Longas horas de trabalho são comuns.
3. É pouco provável que as pessoas tomem a iniciativa ou busquem inovar.
4. O fracasso é inaceitável.
5. Apagar incêndios tornou-se uma rotina.
6. A toxicidade no ambiente de trabalho é com frequência evidente em discussões on-line e até mesmo internamente.
7. As pessoas não costumam renovar e atualizar seus conhecimentos, competências e habilidades.
8. As pessoas "protegem os seus" e não buscam ou compartilham informações de forma proativa.
9. A mentoria não é ativamente incentivada ou programada.
10. As pessoas muitas vezes não estão atualizadas em sua(s) área(s) de especialização.
11. A criatividade não é encorajada; o lema é "Apenas faça seu trabalho".
12. Espera-se que as pessoas façam as coisas "do jeito que elas sempre foram feitas".
13. A organização não fornece recursos para buscar a inovação.
14. As pessoas (involuntária ou propositalmente) se lançam em ações que afetam os outros de forma negativa.

15. As pessoas não se comunicam de forma fácil e consistente sobre questões de trabalho.
16. As pessoas não ajudam umas às outras voluntariamente.
17. As pessoas não se responsabilizam umas às outras sem culpar outro indivíduo.
18. As pessoas se tornam defensivas no dia a dia ou fazem retaliações quando são responsabilizadas.
19. As pessoas frequentemente reclamam que as expectativas não estão bem claras e definidas.
20. A liderança não é reajustada para quem possui mais experiência em uma tarefa.
21. Os grupos de trabalho frequentemente têm líderes que não estão mais bem preparados para os objetivos do grupo.
22. As pessoas não respondem bem às mudanças de direção.
23. As pessoas não podem confrontar confortavelmente processos, relacionamentos ou estratégias que podem estar ultrapassados.
24. As pessoas frequentemente não estão à altura de desafios complexos.
25. A negociação de mudanças nos termos e condições de trabalho é desaprovada.
26. Os recursos necessários para as tarefas são limitados e não podem ser aumentados facilmente.
27. A autoridade decisória muitas vezes parece intratável, inadequada, opaca ou irracional.
28. As pessoas sentem que têm pouco controle sobre seu próprio trabalho.

29. As pessoas sentem que têm pouca ou nenhuma contribuição para escolher com quem vão trabalhar.
30. As relações são frequentemente caracterizadas por pessoas que procuram se antecipar ou obter favores.
31. A maioria das pessoas não sente que seus pontos de vista são bem-vindos.
32. A conveniência a curto prazo é frequentemente favorecida em detrimento de uma perspectiva de longo prazo.
33. As pessoas estão muito ocupadas para dedicar tempo e esforço a fim de ganhar o respeito dos outros.
34. As pessoas não estão necessariamente interessadas em dar bons exemplos para os outros.
35. As pessoas muitas vezes não sabem como estão indo em relação ao seu desempenho, a menos que seja o momento de avaliação.
36. As pessoas geralmente não sabem que medidas e métricas dizem respeito à sua missão.
37. As pessoas devem atravessar hierarquias departamentais para que as coisas sejam feitas.
38. As pessoas não estão normalmente cientes das atividades de outros colegas que podem se sobrepor ou ter impacto sobre elas.
39. As novas contratações não se atualizam rápida ou facilmente, e devem seguir ou fracassar por conta própria.
40. A organização não capta e compartilha facilmente o conhecimento relevante do processo.
41. As pessoas temem uma ação disciplinar por seus erros, por isso é comum escondê-los.

CAPÍTULO 2

BUROCRACIA: 15 DESAFIOS INEVITÁVEIS

[A burocracia é] o meio mais racional conhecido para obter um controle imperativo sobre os seres humanos.

— Max Weber, sociólogo, filósofo, jurista e economista político alemão dos séculos XIX e XX

AS EMPRESAS DE HOJE, ASSIM COMO AS DE ANTIGAMENTE, devem produzir produtos e oferecer serviços que satisfaçam (com sorte, que encantem) os clientes, gerando lucro. Claramente, a economia do sucesso no mundo não mudou, independentemente do sistema organizacional. As empresas devem ser capazes de atender a todas as necessidades dos stakeholders, não importa qual seja seu modelo organizacional.

Todavia, em uma organização burocrática, os desafios estão em toda parte. Para muitos CEOs, a vida muitas vezes parece mais navegar em um rio no meio da selva cheio de crocodilos nadando logo abaixo. As tribulações que persistiram por eras permanecem, enquanto novos desafios do século XXI surgem com muita velocidade. E assim, os crocodilos proliferam.

Desafio nº 1 – produção e vendas

As necessidades de produção, vendas, serviços e distribuição não mudam, não importa qual o modo de estrutura organizacional que sua empresa tenha adotado. Ainda se trata de seres humanos realizando seu trabalho para entregar os produtos e serviços ao cliente de maneira oportuna e competitiva ou, nos melhores casos, entregar algo superior à concorrência, oferecendo, assim, maior valor. A chave aqui é a *percepção de risco*, pois os gestores burocráticos confrontados com a perspectiva de autogestão costumam dizer: "Isso é assustador! Se eu não pressionar minha equipe de vendas, distribuição e produção para cumprir suas cotas e níveis mínimos de qualidade, como isso terá impacto em minhas métricas?"

Chris Rufer, da Morning Star, poderia responder a essa pergunta, uma vez que seu objetivo original era oferecer ao mercado melhor valor e serviço do que os processadores de tomates existentes, e alguns anos após a inauguração de sua primeira fábrica, a Morning Star de fato comandou seu setor. Ofuscar a concorrência teve muito a ver com os altos níveis de engajamento entre os pares autogerenciados da Morning Star, que demonstraram altas taxas de retenção e baixa rotatividade. Em vez dos habituais 67 por cento dos trabalhadores que não gostam de seus empregos ou, na melhor das hipóteses, apenas seguem o fluxo, os colaboradores da Morning Star geralmente se esforçavam para colaborar e inovar para encontrar melhores maneiras de atender às expectativas de seus clientes, e, no processo, tornar seus próprios dias de trabalho interessantes, gratificantes e até empolgantes, já que também trilhavam novos caminhos de carreira para si mesmos. Dessa forma, as métricas tenderam a subir, já que os altos níveis de engajamento se traduziram diretamente em maior produção e melhor atendimento ao cliente.

Em organizações burocráticas que dependem de níveis de gestão para produzir e motivar perpetuamente ("Como podemos conseguir que as pessoas façam o trabalho delas?"), os desafios estão em toda parte, pois os chefes são consumidos por seus problemas de gestão de pessoal e pelo impacto que isso tem sobre a produção, vendas, serviços e distribuição. Mesmo na área de vendas, em que os vendedores são geralmente mais autogerenciados do que em qualquer outro lugar da organização e interagem diretamente com o cliente, os objetivos e políticas burocráticas podem causar estragos. Basta pensar nas recentes manchetes do escândalo de cartões de crédito da Wells Fargo, em 2016, quando os funcionários foram motivados por incentivos de vendas a criar mais de três milhões de contas de clientes fraudulentas que também forneceram milhões em confortáveis taxas para a empresa. O dano à reputação da Wells Fargo foi inestimável; sua posição competitiva a longo prazo no mercado ainda não foi determinada.

Desafio nº 2 – recursos humanos

É impossível abordar essa discussão sem antes fazer a pergunta: "Quem é mais qualificado para encontrar, reter, contratar, avaliar e, se necessário, despedir um determinado trabalhador?" Em uma hierarquia burocrática historicamente construída sobre políticas e práticas de pessoal emprestadas do governo e do meio jurídico (e, se você pensar nisso, em grande parte destinada a proteger proprietários e gestores dos funcionários descontentes ou perturbados), a resposta instintiva seria: "recursos humanos, é claro!" No entanto, no amplo escopo da vida, são aqueles que trabalharão lado a lado e/ou colaborarão com qualquer indivíduo que estão mais qualificados para compreender as necessidades mais específicas de um trabalho, suas armadilhas, o tipo de personalidade mais adequado ao trabalho, e muito mais. Aqueles que trabalham em conjunto com outros são também os mais qualificados para saber exatamente o quão capaz é sua contratação, afinal, ninguém está mais próximo das tarefas em questão. E se o indivíduo recém-contratado não estiver indo bem ou tiver problemas no trabalho, é o colega ou os colegas do novo empregado que notarão os problemas muito antes de se tornarem uma surpresa indesejada, que poderia desencadear uma reação em cadeia em toda a empresa.

"Quem é mais qualificado para encontrar, reter, contratar, avaliar e, se necessário, despedir um determinado trabalhador?"

Por outro lado, uma empresa burocrática tem muitas políticas e programas, acrescentados ano após ano, todos destinados a direcionar funcionários por meio de processos universais, sejam contratações, demissões, treinamento sobre assédio sexual, e outros. O problema com os processos universais, no entanto, é que eles são generalizados, o que, por definição, reduz todos os funcionários da empresa a um único denominador comum, que, normalmente, é o mais baixo. Tais processos legalistas também distanciam as pessoas, o que significa que a gerência é frequentemente a última a saber quando algo correu mal com um determinado funcionário. Em organizações burocráticas, o maior desafio para os profissionais de recursos humanos é que, ao mesmo tempo em que se congratulam por guiarem muitos funcionários por meio de programas e processos institucionalizados, eles têm feito pouco ou nada para resolver a questão da falta de engajamento dos 67 por cento que estão no cerne da dificuldade das empresas terem sucesso em seu espaço de mercado. Esses processos de RH também não ajudam a recuperar as perdas de produção, que estão diretamente ligadas à falta de engajamento dos funcionários.

Perguntam-me com frequência: as empresas autogeridas rejeitam sua responsabilidade de proteger legalmente suas organizações quando elas contratam e demitem? Minha resposta é: de forma alguma, e elas não desconsideram a necessidade de treinamento contra assédio sexual e afins. Organizações autogeridas simplesmente se esforçam para fazer tais ações da maneira mais eficiente possível, com o menor impacto possível na missão da empresa.

Desafio nº 3 – margem competitiva

Ao longo de décadas, as organizações burocráticas passaram a ver o conceito de vantagem competitiva como um esforço para atingir metas mensuráveis, com o crescimento na vanguarda dessas metas. Possivelmente, esse esforço em direção a metas mensuráveis é apenas mais um apêndice vestigial que sobrou do comando e controle militar. Todavia, curiosamente, a palavra "competir" não tem suas raízes nas forças armadas. Ela vem de *competère*, palavra em latim que significa "aprender junto, buscar juntos".

Na autogestão, a vantagem competitiva vem de indivíduos que aprendem com outros indivíduos e buscam soluções juntos. Unidades de negócios colaboram e aprendem com outras unidades de negócios, fábricas aprendem com outras, e empresas inteiras aprendem com organizações externas. Como Peter Senge descreve em *A quinta disciplina: arte e prática da organização que aprende*[6], a organização de aprendizagem contínua está no centro da autogestão, como consequência, a vantagem competitiva surge de forma natural por meio do esclarecimento contínuo e, portanto, da melhoria contínua.

No mundo dos negócios burocráticos, entretanto, as empresas estabelecem metas de crescimento mensuráveis para ganhar uma vantagem em seu mercado. "Nossa meta é aumentar as receitas em dez por cento este ano" ou "Vamos aumentar as vendas em 15 por cento ao longo de um ano" são declarações que estabelecem a meta para a organização como um todo e anunciam aos mercados globais e aos acionistas que

Na autogestão, a vantagem competitiva vem de indivíduos que aprendem com outros indivíduos e buscam soluções juntos.

6. SENGE, Peter. *A quinta disciplina: arte e prática da organização que aprende*. Rio de Janeiro: BestSeller, 2013.

a empresa está em fase de crescimento e, portanto, é financiável. O problema é que, quando se estabelecem tais objetivos, também se incentivam atalhos e se toma qualquer caminho possível para atingir esses fins, o que coloca a integridade e a busca pela excelência no fim da lista de prioridades da empresa. Qualquer pessoa que acompanhou a história da Enron, uma vítima monumental dos seus próprios objetivos de crescimento hiperagressivos e irrealistas (entre outras coisas), reconheceria esse problema.

O engraçado é que os clientes *amam* a excelência dos produtos e serviços e são bastante leais às empresas em que podem confiar e acreditar, o que tem tudo a ver com integridade. Dos dois caminhos para a competitividade — estabelecer metas a serem alcançadas por qualquer meio possível ou criar um ambiente onde a excelência e a integridade possam prosperar — este último ganha a vantagem. O número alarmante de fracassos expostos a cada década nas burocracias corporativas, cuja principal determinação é ganhar vantagem competitiva por meio do crescimento a qualquer custo, corrobora tais fracassos.

Desafio nº 4 – reorganização estratégica

Duas perguntas:

1. Quantos planos estratégicos quinquenais você pôs em prática em sua vida?
2. Quantas oportunidades estratégicas sua empresa perdeu enquanto você estava envolvido no planejamento estratégico?

Você pode pensar que essas duas perguntas não estão diretamente relacionadas, mas com certeza estão. A estratégia, ao que parece, não se trata de planos quinquenais. Trata-se, porém, de planos de *contingência* enquanto você está observando as marés e correntes do mercado e do mundo em geral e sentindo intimamente os ventos da mudança. A estratégia precisa mudar rápida e decisivamente à medida que oportunidades e riscos surgem. Reorganização estratégica tem tudo a ver com ser hábil, rápido no gatilho, ágil e flexível.

Todavia, as organizações burocráticas se sentem muito confortáveis com seus nichos e processos e, em algum momento, perdem qualquer capacidade de reorganização estratégica de forma rápida e eficiente para que possam agarrar prontamente uma oportunidade ou enfrentar um risco ou ameaça com agilidade. É preciso apenas olhar para a outrora gigante e líder de mercado Kodak (The Eastman Kodak Company) para saber que é assim que funciona. Ao passo que o mercado da fotografia digital estava germinando, a Kodak, que detinha os direitos de patente da fotografia digital, não podia mobilizar sua gigante, lenta e moribunda forma burocrática de agir. Com seus infinitos níveis de gestão, processos, etapas de permissão e canais de informação, a empresa permaneceu atolada no reino em extinção dos filmes fotográficos e permitiu que uma indústria inovadora escapulisse por seus dedos, enquanto segurava a chave para aquela porta dourada.

As empresas autogeridas, por outro lado, são organizações em rede, orientadas para a ação, que dependem de processos naturais e orgânicos e, portanto, podem se direcionar e girar com maior facilidade, como discutiremos no capítulo seguinte.

Desafio nº 5 – poder

Não podemos nem imaginar os altos custos da falta de engajamento de funcionários em ambientes de trabalho convencionais sem que admitamos que o exercício do poder tem um papel enorme. Recentemente, em uma feira de empregos realizada por uma nova rede de lojas de conveniência da Costa Oeste, a Fresh Fill, vinte e poucos funcionários me disseram claramente:

"Queremos ser autogerenciados, porque estamos cansados de trabalhar em lugares onde indivíduos pairam sobre nós e microgerenciam tudo o que fazemos."

Está claro que não podemos subestimar os danos que o controle tóxico que emana do poder pode causar. Sem mencionar o puro desperdício de talento humano, habilidade e criatividade que resulta quando um gestor, supervisor ou colega está mais interessado em exercer controle (e coerção) do que em sair do caminho e deixar as pessoas fazerem o que elas já sabem fazer em qualquer outro lugar: planejar, coordenar, selecionar, orçar e organizar.

Está claro que não podemos subestimar os danos que o controle tóxico que emana do poder pode causar.

O poder é viciante no ambiente de trabalho. Evidentemente, recebemos um pequeno pico de dopamina sempre que abusamos de nosso poder, diz Ian Robertson em *O efeito vencedor: como a neurociência explica o sucesso (e o fracasso)*[7]. Além disso, ele também deixa um rastro de desvantagens comerciais. Vale dizer que um entrave significativo ao crescimento e ao sucesso dos negócios é que, enquanto os gestores passam por cima de seus subordinados, todos os tipos de informações e insumos valiosos são perdidos. Mais que isso, à medida que os gestores de poder no ambiente de trabalho se tornam cada vez mais voltados a seus próprios egos, toda sorte de outras coisas ruins começa a acontecer, aponta Dacher Keltner em *The Power Paradox: How We Gain and Lose Influence*[8]. Basta olhar as manchetes dos jornais sobre negócios, política e entretenimento, para conferir uma lista extensa de pessoas que abusaram do poder, e, por essa razão, são expostas e afastadas de suas funções. No ambiente de trabalho, o custo psicológico sobre os funcionários da empresa tem ramificações em todas as partes, inclusive na maioria das áreas de desafio que eu enumero neste capítulo.

---

7. ROBERTSON, Ian. *O efeito vencedor: como a neurociência explica o sucesso (e o fracasso)*. Rio de Janeiro: Elsevier, 2012.

8. KELTNER, Dacher. *The Power Paradox: How We Gain and Lose Influence*. New York: Penguin Books, 2016.

Poder também custa muito *dinheiro*. De fato, o preço das etapas de permissão para as decisões — o custo de transmitir informações para o topo e para a base na cadeia de comando por meio da gestão — é alto (aproximadamente meio *trilhão de* dólares todos os anos, de acordo com a Gallup[9]). Tal custo é tão alto que o especialista americano em gestão Gary Hamel (autor/coautor de livros de estratégia empresarial de referência, incluindo os livros *O que importa agora* e *competindo pelo futuro*[10]) desafiou as empresas americanas. Em um artigo recente, Hamel e a coautora Michele Zanini desafiaram as organizações a eliminarem o desperdício gerado pela burocracia e pelos chefes disfuncionais que sufocam os trabalhadores. A partir dessa lógica, essas empresas ganhariam três trilhões de dólares em produção adicional[11]. Enquanto isso, cadeias de comando constituídas em torno do controle vêm prejudicando o desempenho dos negócios em todos os lugares.

Ambientes de trabalho altamente burocráticos, como os da indústria bancária de investimentos, podem até ter feito pouco caso das críticas à cultura do passado, cuja base era o poder, mas não podem mais. Assim, não existe mais a possibilidade de se ignorar o custo do controle, porque os millennials, e agora a geração Z, evitam se candidatar ou então se demitem não muito tempo depois do treinamento (e o investimento da empresa neles) estar completo, como relatado por numerosos artigos no *The Wall Street Journal* e em outras publicações. De acordo com Hamel: "A culpa não é de nenhum líder em particular, mas das estruturas de gestão

9. "*State of the American Workplace*", Gallup, 2017.

10. HAMEL, Gary. *O que importa agora* e *Competindo pelo futuro*. Rio de Janeiro: Elsevier, 2012 e 2005.

11. Gary Hamel e Michele Zanini, "*Excess Management is Costing the U.S. $3 Trillion Per Year*", Harvard Business Review.

burocratizadas que predominam na maioria das organizações."[12] Na verdade, diz Hamel, a maioria dos CEOs não percebe que, com seus níveis de gestores desnecessários, eles estão pagando, ano após ano, o equivalente a uma pesada "tarifa de gestão". Trata-se de um custo negocial que eles nem precisariam incorrer.

Desafio nº 6 – tarifa de gestão: o alto custo da burocracia

Para aqueles que acham a discussão sobre o custo da burocracia muito fechada, a tarifa de gestão de Hamel é uma forma correta de entender que promover um ambiente de trabalho burocrático significa dedicar enormes somas de dinheiro a algo *além* da missão principal, da vantagem competitiva, bem como da entrega oportuna baseada no valor dos produtos e serviços. Quando o foco está na burocracia, isso significa dizer que a empresa vai sacrificar o seu lucro por algo completamente diferente da sua real missão. Descrevo essa tarifa para grupos de seminários e conferências em todo o mundo e vejo os olhos se abrirem à medida que a demonstro para eles como faço a seguir:

> Imagine uma startup de dez pessoas (os trabalhadores) ganhando trinta mil dólares cada. Presuma uma margem de controle de um para dez (as estimativas do mundo real da margem média de controle variam, mas vamos mantê-la simples). Como os gestores invariavelmente ganham mais dinheiro do que as pessoas que eles comandam, seu chefe ou gestor provavelmente ganha cerca de noventa mil dólares por ano. Se você amplia as habilidades de gestão existentes dessas dez pessoas e dá a cada uma delas um aumento de cinco mil dólares, então você não precisa do gestor e

12. Gary Hamel, "*Bureaucracy's $3 Trillion Price Tag*", Management Innovation Exchange, 21 nov. 2016. Disponível em: https://www.managementexchange.com/blog/bureaucracy%E2%80%99s-3-trillion-price-tag.

economiza quarenta mil dólares anualmente. Escale isso por um fator de dez e (com uma margem de controle de um para dez), você tem cem trabalhadores e dez gestores, mas você também precisa de um gestor para os dez gestores. Essa pessoa está ganhando, provavelmente, duzentos mil dólares por ano. Se você ampliar as habilidades de gestão dos cem trabalhadores, dando a cada um deles um aumento de cinco mil dólares, então você não precisa dos dez gestores e não precisa do gestor dos dez gestores, e acaba economizando seiscentos mil dólares anualmente. Durante um período de dez anos, esse é um valor líquido atual na faixa de 3,5 milhões de dólares, uma economia atraente. E ainda assim, as organizações burocráticas não apenas mantêm seus níveis de gerência, mas, durante as recessões, dispensam *trabalhadores* e muitas vezes mantêm seus *gestores!* É claro que esse cálculo muitas vezes gera grande medo e angústia entre os gestores (particularmente os gestores médios), o que abordaremos mais adiante no livro.

FAZENDO CONTAS DE TARIFAS DE GESTÃO

100 pessoas com $30.000 de salário anual, cada	$3.000.000
10 gestores de 100 pessoas, com salário anual de $90.000, cada	$900.000
1 gestor de 10 gestores a $200.000	$200.000
TOTAL ANUAL	**$4.100.000**
100 pessoas autogerenciadas com $35.000 de salário anual, cada	-$3.500.000
ECONOMIA ANUAL DE TARIFAS DE GESTÃO	**$600.000**
ECONOMIA DE TARIFAS DE GESTÃO DURANTE DEZ ANOS (VALOR PRESENTE LÍQUIDO, TAXA DE DESCONTO DE 10 POR CENTO)	**$3.687.000**

Desafio nº 7 – inovação e melhoria

Enquanto empresas como a W.L. Gore inovam e melhoram de forma ágil e rápida, para organizações com estruturas de gestão burocráticas arraigadas, a melhoria é lenta, e a inovação é muitas vezes, de forma inconsciente, (ou, nos piores casos, deliberadamente) suprimida pelos gestores. Mais uma vez, a Kodak é o exemplo aqui.

Todavia, à medida que os millennials, e, em seguida, a Geração Z, integram o mercado de trabalho, se esvai a tolerância à indiferença e apatia organizacional. Trabalhar durante meses ou anos em empregos triviais para provar que é merecedor de uma oportunidade de trabalhar em um grande projeto ou em um grande negócio não é suficiente para esses jovens. Eles não têm medo de fundar suas próprias empresas na garagem da família, ou de fazer um mochilão pela Mongólia enquanto refletem sobre seus próximos passos, e, nesse processo, acabam adquirindo uma perspectiva mais real do mundo. O impacto dessas reações geracionais tem sido tremendo, principalmente em setores há muito centrados, como o de investimentos bancários, agora completamente abalados pelos millennials, que, não se candidatam ou não permanecem, uma vez que foram contratados. Vindo de Wall Street, o som que se ouve é o da confusão: empresas veneráveis estão repensando urgentemente o envolvimento de seus funcionários nos processos de melhoria institucional e inovação, há muito tempo tidos como recompensas apenas pelos mais "merecedores".

Desafio Nº 8 – atração e retenção de talentos

Explicando de forma mais simplificada, os millennials (e a Geração Z que vem logo depois deles) não irão se candidatar ou permanecer se não estiverem envolvidos em um trabalho significativo e com propósito já nas primeiras semanas e meses de sua contratação. Empresas de todos os tipos perceberam que isso significa uma reavaliação e revisão completa dos processos de recrutamento, contratação, integração e treinamento, se quiserem sobreviver. Por mais difícil que tenha se tornado atrair talentos, uma questão ainda mais preocupante é a retenção, não apenas porque perder talentos depois de 18 meses ao longo do processo é bem perturbador, mas também por representar um enorme desperdício de dinheiro com treinamento, uma vez que esses millennials se dirigem aos concorrentes ou fundam seus próprios negócios com suas habilidades recém-adquiridas.

Desafio nº 9 – vulnerabilidade corporativa

Quando falo a empresas burocraticamente organizadas sobre como elas se expõem a seus concorrentes, sempre tenho dificuldade em medir as palavras. Eu lhes digo, de forma direta, que suas empresas são vulneráveis pois são preguiçosas, de difícil gestão, muito rígidas, frágeis e movidas pelo ego. Não há nada de leve, enxuto, ágil, adaptável e aberto sobre elas. Nesse momento, a Sears está literalmente desaparecendo diante de nossos olhos. Logo a pioneira do varejo, com mais de um século e meio de experiência nas costas, mas que tem sido comida viva por seus concorrentes on-line.

Desafio nº 10 – toxicidade no ambiente de trabalho

Uma ameaça persistente às organizações com modelos hierárquicos convencionais é a toxicidade maciça no ambiente de trabalho. Até o advento da internet e das mídias sociais, o problema dos trabalhadores desengajados, insatisfeitos e infelizes existia (e sempre existiu), mas não representava necessariamente uma ameaça urgente ou incontrolável. Certamente, sempre foi indesejável estar, de forma negativa, na "boca do povo". Mas, para os superiores, a toxicidade poderia ser contida ou até mesmo ignorada por completo.

Hoje em dia, a Glassdoor, a The Great Place to Work Institute, a The Job Crowd e a Vault (entre outros sites) fornecem avaliações internas transparentes e mensagens sobre as realidades da vida dos funcionários em qualquer empresa. As empresas, de maneira surpreendente, investem todos os anos altas somas em consultores de gestão e reparos de reputação para tentar combater o impacto devastador no recrutamento e produtividade dos funcionários, sem mencionar, a percepção do consumidor e todas as questões relevantes e existenciais que afetam diretamente o resultado.

De acordo com o site ReputationManagement.com, os empregadores nem sempre se dão conta de que "perder grandes talentos não é só prejudicial hoje: perder esses excelentes funcionários pode ser prejudicial por *décadas*, pois não há possibilidades de capitalizar o grande trabalho que eles poderiam oferecer". Para 76 por cento dos candidatos a emprego, segundo o site, é pouco provável que aceitem uma oferta de emprego de uma empresa de má reputação, mesmo que os candidatos estejam desempregados (e os candidatos que aceitam, normalmente exigem uma remuneração mais alta do que a oferecida). Quanto mais experiente for o candidato, menor a probabilidade de aceitar um cargo de uma empresa com reputação duvidosa. Além disso, 93 por cento dos funcionários que *estão* empregados partiriam num piscar de olhos para uma empresa com uma boa reputação, observa o site.

Pesquisas do LinkedIn mostraram que o custo por contratação é mais de duas vezes menor para empresas com marcas contratantes fortes, e, que elas têm taxas de rotatividade 28 por cento menores do que as empresas com marcas contratantes mais fracas[13]. Esses números representam, em grande parte, uma pesquisa de empresas com hierarquias organizacionais convencionais; só podemos imaginar quais seriam os gastos em organizações onde os trabalhadores não são gerenciados de forma alguma, mas gerenciam a si mesmos. Como seriam, por exemplo, os gastos em empresas onde os funcionários veem seu trabalho como proposital e inspirador, sua trajetória profissional tão ilimitada quanto o potencial de crescimento e sucesso de sua empresa?

Também existe a ligação indissociável entre a satisfação dos funcionários e a fidelidade do *cliente*. Nem todos os clientes têm conhecimento das análises internas da empresa Glassdoor, mas *todos os* clientes sabem mensurar o bom atendimento prestado pelo indivíduo que representa uma determinada empresa. Afinal de contas, para o consumidor, esse indivíduo é a empresa. Funcionários tóxicos transmitem sua insatisfação pessoal com a empresa de infinitas maneiras, e os clientes são equipados com antenas para captar esse descontentamento, mesmo durante interações meticulosamente roteirizadas. A conexão entre a ausência/presença de toxicidade no ambiente de trabalho e a percepção do consumidor, pode ser

13. Eda Gultekin, "*What's the Value of Your Employment Brand?*", LinkedIn, 01 dez. 2011. Disponível em: www.business.linkedin.com/talent-solutions/blog/2011/12/whats-the-value-of-your-employment-brand.

expressa pela seguinte equação: satisfação do funcionário = lealdade do consumidor = receita. Não há outra forma de expressar isso.

Desafio nº 11 – o organograma

As organizações convencionais gastam muito tempo, dinheiro e esforço criando organogramas verticais elaborados de forma extraordinária, complexa e complicada numa tentativa de diminuir todos os riscos e incertezas possíveis por meio da imposição de um comando e um controle à prova de falhas. Um bom exemplo disso está disponível no site www.theofficialboard.com/org-chart/gm-general-motors, onde você encontra a versão oficial do organograma detalhado da General Motors. No entanto, para além do seu formato on-line sofisticado e da existência de alguns gráficos bastante usuais em 2017, ele não é tão diferente do organograma da GM de 1921, que se segue:

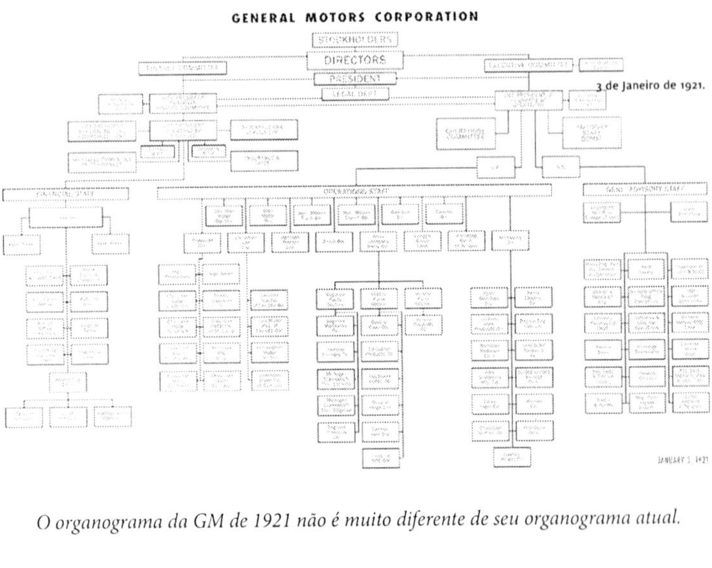

O organograma da GM de 1921 não é muito diferente de seu organograma atual.

Em 1921, os executivos da GM tiveram dificuldades para administrar e controlar sua jovem organização de apenas 13 anos, e pouco mudou quase cem anos depois, com uma exceção: os organogramas verticais são, sem dúvida, abundantes na GM em todo o mundo, já que os seus chefes locais continuam a empregar medidas complexas para manter o controle. Infelizmente, como a maioria das organizações burocráticas que impõem estruturas organizacionais rígidas (e criam os organogramas para defini-las), tal exercício só contribui para a extinção da inovação, da criatividade e da flexibilidade, enquanto cria uma grande quantidade de manobras políticas e administrativas.

> *O organograma é o tipo de atividade, que, em conjunto com a formação de um plano estratégico de cinco anos, pode consumir muitos recursos e boa parte de um ano de trabalho.*

Elaborar o organograma gasta uma grande quantidade de tempo e uma boa quantidade de horas de trabalho. Além disso, envolve uma participação relevante da gestão de pessoas, já que todos os níveis de gestores são movidos para onde eles politicamente preferem estar ou para onde seus gestores acreditam que eles deveriam ir. É o tipo de atividade, que, em conjunto com a formação de um plano estratégico de cinco anos, pode consumir muitos recursos e boa parte de um ano de trabalho.

Entretanto, questiona o especialista em gestão, Gary Hamel: *Por que você gasta tanto tempo e energia (para não mencionar dinheiro) fazendo "tarefas de gestão" quando o esforço não está criando valor para seus clientes ou somando ao seu resultado?* Para empresas que sentem desconforto com a fluidez, com o fluxo constante e com a mudança simbólica das organizações mais ágeis e poderosas, a resposta pode ter tudo a ver com medo. Pense na diferença entre estar em um navio em movimento rápido no mar e sentar-se na varanda dos fundos: você se sentirá mais confortável e menos enjoado sentado na varanda, mas não chegará a lugar algum. A verdade é que você terá que experimentar algum dinamismo, movimentação e, por um tempo, desorientação se quiser conseguir alguma coisa.

Contudo, aprender a renunciar ao controle para que sua empresa possa progredir e mudar conforme necessário, para muitas pessoas, requer uma certa dose de renovação mental. De acordo com o mentor de empresas emergentes e filósofo de negócios, Peter Koestenbaum (coautor, com Peter Block, do livro de destaque *Freedom and Accountability at Work: Applying Philosophic Insight to the Real World*[14]), esse tipo de reorganização é essencial porque, nos negócios, como na vida, não apenas devemos progredir, mudar e crescer, mas devemos "aprender a *valorizar* a dor do crescimento". Todo o tempo, energia e dinheiro que as empresas gastam criando organogramas nunca os levaram aos seus objetivos institucionais. Isso ocorre por uma boa razão, como diz Peter Block: "Se não houver transformação dentro de nós, toda a mudança estrutural no mundo não terá impacto em nossas instituições."

Desafio nº 12 – incongruência com as expectativas do século XXI

Falamos sobre como as empresas burocráticas se veem totalmente defasadas com os millennials, assim como abordamos o impacto da burocracia na vantagem competitiva e na vulnerabilidade ou aquisição de empresas. Tudo isso decorre da rigidez e lentidão burocrática, mas também de uma incongruência com o século XXI. As empresas mergulhadas no pensamento e processos organizacionais do século XIX ainda estão cerca de duzentos anos defasadas.

14. BLOCK, Peter; KOESTENBAUM, Peter. *Freedom and Accountability at Work: Applying Philosophic Insight to the Real World*. São Francisco: Jossey-Bass, 2001.

Quando as empresas se prendem a modelos de hierarquia burocrática dos últimos dois séculos, elas também enfrentam o sério desafio de tentar atender às expectativas dos clientes do século XXI dispondo de serviços e respostas feitos com processos do século XIX. Há inúmeros exemplos de empresas que constantemente desapontam e alienam seus clientes da era atual. Como consumidores, todos nós passamos muito tempo ao telefone falando com diversos departamentos de atendimento ao cliente, ou então tentamos navegar em seus sites rudimentares. Entretanto, há um exemplo perfeito de uma empresa que foi reformulada, de maneira específica, a partir de uma organização antecessora, com o objetivo de atender plenamente às expectativas dos clientes desse século. É a maior fabricante mundial de eletrodomésticos, considerada uma das dez empresas mais inovadoras do mundo: o ícone da autogestão sediada na China, a Haier.

A chave para o sistema de crença da Haier é o princípio de que "os usuários estão sempre certos; precisamos melhorar a nós mesmos". Os funcionários autogerenciados da Haier se conectam diretamente aos usuários finais e, por meio do poder da internet (e dos aparelhos habilitados para internet da Haier) têm acesso imediato às informações dos clientes e do mercado. Com esse tipo de vantagem, a empresa pode servir aos clientes de forma rápida e eficiente. Os trabalhadores da empresa demonstram seu valor tomando decisões quando e como necessário, inovando e vendendo seus conceitos a colegas e à alta administração, bem como formando equipes para executar suas ideias e participar dos lucros dos sucessos. A maioria dos gestores intermediários foi eliminada. A liderança da Haier explica que, como os trabalhadores não têm mais chefes, eles *devem* ouvir os usuários e são totalmente responsáveis pelos resultados. Na Haier, o objetivo é anular a distância entre a empresa e o cliente. Tal objetivo é a real capacidade de resposta às expectativas dos clientes do século XXI e isso se torna possível por conta da autogestão.

A Meetup, sediada em Nova York e fundada em 2002, é outro excelente exemplo de uma empresa alinhada com as expectativas de seus usuários, mas isso nem sempre foi assim. Embora a Meetup tenha sido originalmente concebida como um empreendimento voltada para fã-clubes, o fundador da Meetup, Scott Heiferman, admite: "Estávamos errados sobre tudo aquilo para o qual pensávamos que as pessoas iriam querer usá-la."

Hoje, depois que os usuários encontraram suas próprias formas de usar o serviço da Meetup, a empresa tem uma ideia simples e poderosa em sua essência: usar a internet para *tirar* as pessoas dela e voltar à interação pessoal. Ironicamente, à medida que a empresa se expandiu, ela regrediu em padrões hierárquicos de gestão. Então, a liderança percebeu que os *usuários* auto-organizadores da Meetup tinham razão: para ter sucesso, a própria organização precisaria ser gerenciada de forma tão autônoma quanto seus usuários eram. Então, com a auto-organização interna congruente com o modelo de negócios da empresa, a empresa decolou como um foguete. A Meetup (adquirida pela WeWork no final de 2017) espera agora atingir um bilhão de assinaturas até 2020, pois está perfeitamente alinhada com seus usuários auto-organizadores e suas expectativas atuais.

Desafio nº 13 – inteligência de colarinhos azuis vs. inteligência de colarinhos brancos

Por gerações, os trabalhadores de colarinho azul têm sido supervisionados por seus gestores de colarinho branco. Frederick W. Taylor não teria tido problemas em explicar que a disparidade nos níveis de inteligência tornava essa hierarquia não apenas necessária, como também era a natureza das coisas. Taylor destacou que um indivíduo ignorante o suficiente para trabalhar com ferro-gusa com certeza não poderia ter o conhecimento para compreender a ciência do seu manuseio. Entretanto, existe uma falácia óbvia em tal afirmação: quem, de fato, teria mais chance de entender as características do ferro-gusa e os meandros de seu manuseio — alguém que manuseia esse material todos os dias de sua vida, ou alguém com um livro acadêmico contendo conhecimentos sobre essa substância? Outra falácia reside na suposição de que, porque um trabalhador não tem formação universitária, ele *não* é instruído. Esse equívoco está no cerne da desvalorização da educação comercial. Esse tema é discutido no livro *Shop Class as Soulcraft: An Inquiry into the Value of Work*[15]de Matthew B. Crawford. No livro, Crawford defende que a América perdeu algo precioso e essencial ao desvalorizar o comércio e encorajar a todos a obter o "verdadeiro" ensino superior, que provém de uma educação universitária.

Além das questões filosóficas intrínsecas a tal ponto de vista, acontece que formamos gerações inteiras de gestores intermediários não treinados em nenhum ofício específico, enquanto a escassez de profissionais altamente qualificados persiste em todos os lugares. Isso porque os líderes de empresas burocráticas com hierarquias organizacionais rígidas e fluxo de informações do topo para a base (do colarinho branco para o colarinho azul) acreditam que aqueles mais próximos de seu produto e cliente estão *mais* distantes de impulsionar mudanças e melhorias. Assim, a solução tem sido criar mais canais de comunicação entre a gestão e os trabalhadores, que estão mais próximos ao produto e ao cliente, ou seja, mais níveis de gestão.

Em organizações autogeridas, no entanto, a inovação é impulsionada por toda e qualquer pessoa, e aqueles mais próximos do produto e do cliente muitas vezes têm a contribuição mais valiosa. Nas fábricas de processamento de tomates da Morning Star, por exemplo, o conteúdo cognitivo desenvolvido por mecânicos e

15. CRAWFORD, Matthew B. *Shop Class as Soulcraft: An Inquiry into the Value of Work*. Nova York: Penguin Press, 2009.

eletricistas é frequentemente alto, tanto que equivale ao de um programador de computador no Vale do Silício e a folha de pagamento reflete esse resultado. Não surpreende que a inovação que possa vir de qualquer colaborador da empresa seja frequentemente impulsionada por pares de colarinho azul, não importa qual seja seu nível salarial. Eles são livres para apresentar seus argumentos a colaboradores de todos os tipos, incluindo os de colarinho branco, que seriam envolvidos ou impactados pela mudança.

Os gestores de colarinho branco, que empregam trabalhadores de colarinho azul em suas tarefas, podem ter trabalhado no século XIX, mas, hoje, as empresas autogeridas dependem de *todos os* trabalhadores para mantê-las à frente das expectativas do cliente e, mais importante, da concorrência. Uma empresa baseada no empowerment, requer pensadores proativos independentemente da cor de seu colarinho.

Desafio nº 14 – medo, ansiedade e previsibilidade

Sem olhar para fatores como medo, ansiedade e previsibilidade, torna-se impossível se impressionar com a persistência da hierarquia organizacional burocrática no ambiente de trabalho. Os americanos, em especial, preferem a previsibilidade. Todos nós queremos resultados previsíveis. Queremos atingir nossas metas, objetivos e indicadores-chave de desempenho (KPIs). Tudo isso é muito linear. Queremos nos sentir no controle e *não* queremos surpresas — especialmente surpresas ruins. Eu tenho um amigo, por exemplo, cuja ansiedade é provocada pela menção do termo KPI.

Certamente, isso gera uma boa dose de ansiedade em um ambiente de trabalho convencional, o que pode levar a uma sensação onipresente de medo em geral, infiltrando-se por meio dos muitos estratos e recaindo sobre o funcionário. Ele se questiona: *se este projeto não der certo, eu perderei minha relevância na empresa? Meu emprego? Minha casa?* Em empresas com culturas menos abertas e transparentes, onde a comunicação não é livre e é policiada, o medo pode surgir em ondas. Então, a resposta da gerência é geralmente instituir mais controle, não planejar por menos. A ansiedade e a necessidade de previsibilidade, em seguida, geram ainda *mais* desafios: o poder, a toxicidade, graves problemas de retenção e a incapacidade de atrair talentos para uma empresa dominada pelo medo, geradora de ansiedade e supercontroladora.

Desafio nº 15 – o futuro e os seres humanos nele

Em nossas vidas, experimentamos uma quantidade surpreendente de mudanças tecnológicas e revoluções. Olhando um pouco além do horizonte, podemos ver ainda mais revoluções que estão por vir, em um espaço de tempo muito curto. A convergência da robótica e da inteligência artificial (IA), mais a blockchain, a engenharia genética, a nanotecnologia, a realidade virtual e todo o resto prometem ser ainda mais revolucionárias do que foi a internet. Em seu livro *Infinite Possibility: Creating Customer Value on the Digital Frontier*[16], os autores Kim Korn e B. Joseph Pine II descrevem o novo mundo da tecnologia e como ela está criando infinitas oportunidades objetivando sempre entregar inovação e valor ao cliente. Devemos começar a aceitar a realidade desse novo mundo tecnológico, que se caracteriza pela comunicação e informação, as quais se movem à velocidade da luz e nos permitem tomar decisões rapidamente. Se, como líderes empresariais, criamos e promovemos organizações que não permitem que isso aconteça,

16. KORN, Kim; PINE II, B. Joseph. *Infinite Possibility: Creating Customer Value on the Digital Frontier*. São Francisco: Berrett-Koehler Publishers, 2011.

como temos alguma esperança de acompanhar o futuro à medida que ele se desenrola perante nossos olhos?

Não, não podemos saber o que o futuro trará, mas a única coisa que sabemos com certeza é que as oito principais necessidades comerciais dos seres humanos não mudarão, e todos os negócios no mundo estão organizados para suprir uma ou mais dessas necessidades: alimentação, vestuário, moradia, comunicação, transporte, segurança pessoal, entretenimento e cuidados com a saúde. E é isso. Quaisquer que sejam as estruturas que nós, como seres humanos na sociedade, criarmos para atender essas necessidades humanas, elas sempre exigirão reflexão, criatividade e liderança, além de inovação e trabalho em equipe. A burocracia não pode nos levar até lá. Ela é incrivelmente custosa em termos de recursos e impede a satisfação das necessidades humanas mais básicas. A verdade é que os seres humanos estão fartos da burocracia, e ela não atende bem no século XXI.

Acima de tudo, a burocracia no ambiente de trabalho é um desperdício de vida humana. Se você pede a uma pessoa que trabalha dentro de sua empresa para passar um terço de sua vida fazendo tarefas burocráticas, sem um propósito agregado (em outras palavras, sem valor), então você está desperdiçando um terço da vida dela.

Acima de tudo, a burocracia no ambiente de trabalho é um desperdício de vida humana. Se você pede a uma pessoa que trabalha dentro de sua empresa para passar um terço de sua vida fazendo tarefas burocráticas, sem um propósito agregado (em outras palavras, sem valor), então você está desperdiçando um terço da vida dela. Multiplique essa vida por dezenas, centenas ou milhares de indivíduos que se comprometeram a servir sua empresa e que aparecem todos os dias para fazer exatamente isso, e você desperdiçará um número espantoso de anos. São anos de vida, amor, compartilhamento e tudo mais que nos torna humanos. A certa altura, devemos simplesmente examinar a moralidade de desperdiçar a vida humana quando não há sequer um benefício comercial para os gastos dessas horas, dias, semanas e anos. Em suma, é claro que a burocracia não ajuda as empresas do século XXI, mas apenas causa dificuldades.

Sendo assim, como podemos tornar nossas empresas mais fortes, mais competitivas, inovadoras, resilientes e intrépidas à medida que avançamos em direção ao futuro? Como podemos fazer com que os trabalhadores sejam mais felizes e se sintam mais realizados no terço de suas vidas que passam conosco? A resposta está, em grande parte, no poder da autogestão organizacional.

CAPÍTULO 3

O PODER DA AUTOGESTÃO

As nuvens se formam e depois desaparecem porque as condições atmosféricas, a temperatura e a umidade causam a condensação ou vaporização das moléculas de água. As organizações deveriam ser do mesmo jeito; estruturas precisam aparecer e desaparecer com base nas forças que estão atuando na organização. Quando as pessoas são livres para agir, elas são capazes de sentir essas forças e agir da maneira que melhor se encaixa com a realidade.

— CHRIS RUFER, FUNDADOR DA MORNING STAR[17]

PARA COMPREENDER MELHOR o poder da autogestão, devemos primeiro compreender os princípios e filosofias que a conduzem, e as diferenças entre princípios e filosofias.

O poder dos princípios e das filosofias

Como definido na maioria dos dicionários, um princípio é uma *verdade* ou proposição *fundamental* que serve como base para um sistema de crença ou comportamento, ou para uma cadeia de

17. Frederic Laloux, "*Misperceptions of Self-Management*", Morning Star, 12 jun. 2014.

raciocínios. Uma filosofia, por outro lado, é uma *teoria ou atitude mantida por uma pessoa ou organização*, que atua como um princípio orientador do comportamento. Pode-se ver facilmente o quanto os princípios e filosofias podem e devem estar estreitamente ligados, especialmente porque um líder empresarial está ponderando a melhor estrutura para uma organização. A filosofia de vida *pessoal* de um líder — digamos que ele acredita que seus semelhantes devem ser felizes em seu trabalho — pode sustentar um princípio de vida *fundamental*, como as pessoas não devem ser coagidas (um princípio fundamental do direito na maioria das culturas). Juntos, esses princípios fundamentais e filosofias pessoais podem informar a decisão sobre o tipo de organização que o líder de uma empresa preferiria criar.

Como se constatou, os princípios duais de não coerção e manutenção de compromissos mútuos, independentemente de como possam ser declarados, frequentemente formam a base de organizações autogeridas. Essa base é, em geral, sustentada pelas filosofias pessoais dos líderes da empresa, como por exemplo, a filosofia de que as pessoas devem ser felizes em seu trabalho.

Os princípios duais de não coerção e manutenção de compromissos mútuos, independentemente de como possam ser declarados, frequentemente formam a base de organizações autogeridas.

O primeiro princípio, que as pessoas não devem coagir as outras, significa simplesmente que todas as interações devem ser voluntárias. Esse princípio, de fato, é a base da lei. Toda lei contra assassinato, sequestro, assalto, chantagem e similares, em qualquer parte do mundo, é baseada no princípio da não coerção. É um princípio negativo, representando algo que não devemos fazer em circunstâncias normais. Reconhecemos o poder desse princípio porque, mesmo aceitando a imperfeição das pessoas, ainda podemos imaginar um mundo sem coerção, no qual exércitos e fechaduras nas portas não seriam necessários. Sabemos que essa visão perfeita é utópica, mas também sabemos que quanto mais alinhados estivermos com o princípio da não coerção, melhor estaremos como seres humanos.

O segundo princípio é que as pessoas devem honrar os compromissos que assumem com as outras. É um princípio positivo, representando algo que devemos fazer. Esse princípio é o fundamento do direito civil, especialmente do direito contratual. Mesmo quando buscamos soluções ou restituição daqueles que não cumprem seus compromissos conosco, ainda podemos imaginar um mundo no qual cada indivíduo faça o que prometeu, e sabemos que esse mundo seria um lugar maravilhoso para se viver. Podemos nunca alcançar um estado onde esse princípio seja universalmente aceito, mas sabemos que, como seres humanos, estamos em melhor situação quando as empresas e organizações cumprem suas promessas para conosco.

A autogestão está em tudo

Dizer que a autogestão está "em tudo" não significa em toda parte no mundo dos negócios; significa *em toda parte*, pois a autogestão ocorre naturalmente em toda a flora de nosso planeta e em todo o reino animal do qual a humanidade faz parte. No mundo das plantas, por exemplo, muitas espécies de samambaias, arbustos e gramíneas podem "competir" com árvores e outras espécies de flora que crescem em busca de nutrientes e luz solar, porque se desenvolvem perto do solo da floresta. Tal vegetação é considerada "autogerida" porque limita a presença de árvores que predominariam e o faz sem a ajuda do homem ou alguma outra intervenção. Muitas mudas e arbustos, inclusive, produzem produtos químicos específicos, os quais impedem que outras plantas criem raízes por perto.

Um exemplo particularmente fascinante de autogestão na natureza é o da formiga-argentina (*Linepithema humile*), que os cientistas dizem que agora se tornou uma megacolônia, aparentemente povoando grande parte do mundo e rivalizando com os humanos em sua escala de dominação global. Originada na América do Sul, agora abrange grande parte do Mediterrâneo, Califórnia e Japão Ocidental; uma única supercolônia cobre seis mil quilômetros da costa do Mediterrâneo!

As formigas-argentinas conquistadoras do mundo parecem ter uma missão simples e bifacetada. Primeiro: sobreviver. Segundo: reproduzir. Sua missão, que elas realizam com perfeição, é a essência da simplicidade. Desde que as formigas se concentrem em sua missão, não há barreiras aparentes a serem escaladas. Para cumprir sua dupla missão, as colônias utilizam a divisão autogerida do trabalho e usam sinais químicos para comunicar trilhas promissoras ou ameaças às outras. Portanto, as ações autogeridas são simples, eficientes e eficazes[18].

As abelhas também confiam na autogestão de inúmeras maneiras. Para destilar lições poderosas para organizações humanas, David Zinger, fundador da Employee Engagement Network, lançou um estudo de três anos sobre abelhas. Em seu estudo "*Waggle: 39 Ways to Improve Human Organizations, Work, and Engagement*"[19], ele observa a necessidade incessante de comunicação (por meio de uma dança de "abano") e colaboração entre as abelhas, o que lhes permite encontrar alimento e permanecer conectadas com a organização. E Ken Thomson, em seu livro *Bioteams: High Performance Teams Based on Nature's Best Designs*[20]descreve alternativas ao modelo

---

18. Matt Walker, "*Ant Mega-Colony Takes Over the World*", BBC, 01 jul. 2009. Disponível em: <http://news.bbc.co.uk/earth/hi/earth_news/newsid_8127000/8127519.stm>.

19. David Zinger, "*Waggle: 39 Ways to Improve Human Organizations, Work, and Engagement*". Disponível em: <http://davidzinger.com/wp-content/uploads/Waggle-by-David-Zinger.pdf>. Acesso em: 17 jan. 2019.

20. THOMSON, Ken. *Bioteams: High Performance Teams Based on Nature's Best Designs*. Tampa: Meghan-Kiffer Press, 2008.

convencional de comando e controle para organizações de alto desempenho, derivadas de corpos de criaturas espontaneamente organizados, que funcionam e prosperam ao nosso redor.

Contudo, embora existam modelos de autogestão na maioria das espécies de vida em nosso planeta, é a autogestão em nossas vidas humanas comuns que deve servir como nosso modelo mais poderoso. Deixados à própria sorte, os seres humanos se organizam de forma natural e orgânica, agem e tomam centenas de decisões diariamente, tudo por conta própria. As pessoas se reúnem em grupos cívicos, organizações comunitárias, organizações sem fins lucrativos, grupos voluntários, igrejas e locais de reunião, para conseguir que as coisas sejam feitas, vale dizer, tudo sem nenhuma autoridade de comando real. Elas colaboram voluntariamente e iniciam um fluxo de compromissos uns com os outros e confiam uns nos outros para coordenar e administrar como prometido. Aqueles poucos que preferem sair ou que não cumprem seus compromissos não desencorajam um grupo que está focado em sua missão.

Ao longo da história de comando e controle, exemplos de autogestão altamente funcionais têm sido abundantes. A autogestão tem, durante séculos, servido tribos nas quais se espera que cada membro colabore com os outros e mantenha os compromissos assumidos com os companheiros e com o grupo como um todo. Na segunda metade do século XIX, por exemplo, a tribo Apache, nativa americana do território do Arizona, superou consistentemente a Cavalaria dos EUA, dividindo-se em pequenos grupos descentralizados de guerreiros e escondendo-se no deserto onde não podiam ser detectados, rastreados ou erradicados pelas tropas. As tropas de comando e controle da cavalaria, por outro lado, eram alvos fáceis para os guerreiros apaches autogeridos, como o notório Gerônimo.

Os apaches e outros grupos descentralizados como eles são detalhados em *Quem está no comando? A estratégia da estrela-do-mar e da aranha — o poder das organizações sem líderes*, de Ori Brafman e Rod Beckstrom[21]. Os autores usam sua poderosa metáfora de estrela-do-mar/aranha para fazer suas observações sobre modelagem organizacional para autonomia e adaptabilidade: eles explicam que se você cortar a perna de uma aranha, você terá uma perna morta e uma aranha de sete patas; se você cortar a cabeça da aranha, você terá uma aranha morta. No entanto, corte uma perna de uma estrela-do-mar e você terá duas estrelas-do-mar; Corte a cabeça da estrela-do-mar e você terá *cinco* estrelas-do-mar. Cada parte de uma estrela-do-mar, eles apontam, possui a capacidade de regenerar o restante. Da mesma forma funciona a organização adaptável e autônoma (autogerida): com missão, compromisso e responsabilidade, cada perna tem a capacidade de regenerar qualquer parte necessária da organização.

Também no mundo da física quântica, que engloba os princípios de origem (matéria e energia não apenas em nosso planeta, mas também no universo), moléculas e átomos "colaboram" atraindo e repelindo conforme necessário, criando as oscilações e vibrações que formam a base da própria vida. A autogestão, com o mesmo design de engajamento/falta de engajamento necessário, é uma forma natural e orgânica de função para as organizações empresariais, porque, assim como acontece ao longo da vida na Terra, a autogestão está *em toda parte.*

Autogestão: relação ganha-ganha no ambiente de trabalho

Claramente não importa como os dois princípios centrais da autogestão bem-sucedida — a não coerção e a manutenção de compromissos um com o outro — são declarados, eles também são princípios fundamentais da vida humana e da lei como a

21. BRAFMAN, Ori; BECKSTROM, Rod. *Quem está no comando? A estratégia da estrela-do-mar e da aranha — o poder das organizações sem líderes*. Rio de Janeiro: Elsevier, 2007.

conhecemos ao longo do tempo. Quando estava projetando sua organização totalmente autogerida, esses eram os dois princípios norteadores que o fundador da Morning Star, Chris Rufer, pediu àqueles que queriam entrar a bordo aceitassem:

> Primeiro, que os colaboradores da Morning Star não deveriam coagir uns aos outros a fazer nada: todas as suas interações deveriam ser voluntárias. E, segundo, que todos os colaboradores da Morning Star deveriam honrar os compromissos que assumissem com os outros.

Ao imaginar como seria seu novo negócio de processamento de tomates, a filosofia pessoal de Rufer era (e ainda é) que, na medida em que os indivíduos vivem por esses dois princípios fundamentais, eles, em geral, experimentam maior felicidade e engajamento. Ele acreditava que as pessoas tinham melhor desempenho quando se sentiam bem consigo mesmas, e que a empresa seria a beneficiária de sua felicidade e participação ativa no ambiente de trabalho. Em outras palavras, seria a perfeita relação ganha-ganha. Ele se recusou a se assustar pelo fato de que, até aquele momento, a maioria das empresas não havia aceitado esses princípios. Rufer acreditava que os princípios de não coerção e de manutenção dos compromissos eram fundamentais para as pessoas que trabalhavam juntas, e os considerava objetos centrais na reputação, integridade e confiança — essencial não apenas para os seres humanos, mas fundamental para o sucesso de qualquer empresa interessada em manter seus clientes.

Todavia, e se os líderes empresariais optarem por ignorar esses princípios básicos da vida humana ao projetarem as estruturas organizacionais de suas empresas? O engraçado de um princípio fundamental da vida é que ele existe e está sempre funcionando, *quer se opte ou não por segui-lo*. Como o irrefutável princípio da gravidade, um princípio fundamental da vida é sempre operacional, quer seja testado, descrito ou ignorado. Além disso, assim como a gravidade, não alinhar o comportamento com um princípio de vida (e optar por ignorá-lo, em vez disso) pode ter sérias consequências. Afinal de contas, você pode escolher acreditar que não está preso à terra e que consegue voar, mas se você se lançar de um precipício rapidamente provará o contrário. Da mesma forma, optar por ignorar um princípio fundamental, como não manter os compromissos que você assume, pode causar enormes danos. Exemplos notórios abundam: as promessas fraudulentas de Charles Ponzi de retornos de câmbio irrealistas para seus investidores é apenas um desses casos.

Embora ignorar os princípios humanos básicos tenha sérias repercussões e custos, o *alinhamento* das ações com os princípios traz benefícios significativos, e é aí que reside o ganho mútuo para a autogestão. Os mesmos princípios fundamentais de não coerção e cumprimento de compromissos, que foram propostos por Chris Rufer e adotados em 1990, regem hoje a Morning Star. Com, aproximadamente, um bilhão de dólares em vendas, a empresa se tornou a maior processadora de tomates do mundo; seus produtos são vendidos globalmente e consumidos por praticamente todos na América do Norte. Os colaboradores da Morning Star, de alguma forma, alcançaram estes resultados a partir do zero, gerindo-se individualmente, sem chefes, títulos ou autoridade de comando.

Como eles fizeram isso? Eles aderiram aos princípios de não coerção e de cumprimento de compromissos. E em seu planejamento organizacional, eles se concentraram na simplicidade.

Solução simples e elegante para o ambiente de trabalho

O fundador da Visa, Dee Hock, afirmou isso de forma melhor quando declarou que um propósito e princípios simples e claros dão origem a um comportamento inteligente e complexo, enquanto regras e regulamentos complexos dão origem a um comportamento simples e estúpido. Certamente, tentar navegar nos mercados, desenvolver estratégias, satisfazer os clientes e atender as necessidades de todas as partes interessadas é complicado o suficiente, sem acrescentar, a complexidade adicional de sistemas de gestão elaborados. Mesmo dentro de hierarquias organizacionais mais convencionais, grandes líderes sempre souberam que encontrar as pessoas certas — e depois sair do caminho delas para deixá-las fazer o que fazem de melhor — é a chave para o sucesso nos negócios.

Grandes líderes sempre souberam que encontrar as pessoas certas — e depois sair do caminho delas para deixá-las fazer o que fazem de melhor — é a chave para o sucesso nos negócios.

Então, se tudo isso é verdade, por que você *não* iria querer regras e princípios simples, claros e fundamentais em que as pessoas possam fazer o que já executam todos os dias de suas vidas: gerir a si mesmas?

Considere esta analogia: durante décadas, os engenheiros civis nos EUA têm lidado com problemas de fluxo de tráfego — aumentando, escalonando e cronometrando semáforos; escalonando sinalizações de pare; direções de rua alternadas; e muito mais. No Reino Unido, entretanto, os engenheiros correlacionaram o uso crescente de tais abordagens não com a melhoria do controle de tráfego, mas com a interrupção e os backups do tráfego. Eles descobriram então que, com a instituição de rotatórias simples, as pessoas seriam perfeitamente capazes de passar por interseções de trânsito, em intervalos uniformes, sem adição de dispositivos de controle. Com um impressionante sucesso, as rotatórias proliferaram por toda a Grã-Bretanha e agora estão se tornando mais comuns nos EUA. Quando se pensa nisso, o *tempo* perdido parado nos semáforos durante qualquer trajeto pode realmente acumular. Por que as pessoas deveriam renunciar a horas de suas vidas semanalmente, quando podem facilmente se acostumar à simplicidade de *não* serem instruídas sobre o que fazer e usar seu próprio julgamento?

Na introdução deste livro, falei sobre Stephenie Gloden, uma líder da unidade de negócios de TI da Universidade de Phoenix, que decidiu que a simplicidade dos princípios de autogestão funcionaria bem para seu grupo. Quando os gargalos de sua equipe foram eliminados, seus funcionários descobriram outra coisa. Como os princípios de autogestão eram tão fundamentais, naturais e diretos, seus colaboradores inadvertidamente os incorporavam também em todos os aspectos da vida *fora* do ambiente de trabalho. Será que a complexidade anterior de suas vidas empresariais também estava influenciando a maneira como os membros da equipe se relacionavam com os outros em suas vidas pessoais? Não podemos saber, mas de acordo com Gloden, os princípios mais simples e naturais que a equipe adotou no trabalho os tornaram seres humanos mais felizes onde quer que estivessem.

Os benefícios da autogestão são holísticos e universais.

Indo além do Empowerment!

Quando consideramos o conceito de autogestão — em que as pessoas interagem, colaboram e alcançam metas por conta própria sem reprimir, restringir ou coagir os outros —, a questão frequentemente surge: por que não simplesmente fornecer o empowerment que vai incentivar as pessoas a fazer o que fazem de melhor? Por que não estender *certos* modos de poder a elas, enquanto mantém-se outros tipos de controle para a organização e seus gestores?

A resposta está na verdadeira compreensão da natureza humana e no reconhecimento de que ser humano tem tudo a ver com escolha e livre-arbítrio. A escolha e o livre-arbítrio podem ser reprimidos, mas sempre a um custo. Como líder empresarial, por que pagar esse preço — e forçar os semelhantes a pagar um preço ainda maior — quando a capacidade dos trabalhadores de exercer seu livre-arbítrio e escolha só *beneficia* a missão e os objetivos de sua empresa?

Viktor Frankl, neurologista, psiquiatra, filósofo austríaco e autor do best-seller *Em busca de sentido*[22], também foi um sobrevivente do holocausto. Sua permanência em um campo de concentração alemão lhe ensinou muito sobre a sobrevivência humana, especialmente sobre a natureza da liberdade humana. Frankl afirmou que todos têm livre-arbítrio e, portanto, tudo é uma escolha. Mesmo para um prisioneiro sendo levado à câmara de gás em um campo de concentração, ele argumentou que o livre-arbítrio existe: o prisioneiro pode ir de livre vontade até sua morte ou pode lutar até o seu destino. Tudo é uma escolha, disse Frankl, mesmo que as pessoas não reconheçam o grau de liberdade que têm para fazer essas escolhas.

Não reconhecer que se tem a liberdade de vontade e escolha não significa que o poder não exista. Quantos tiranos cometeram o erro de pressupor que, por terem privado as pessoas da capacidade de *reconhecer* sua própria capacidade humana de escolha, o livre-arbítrio pode não vir à tona mais uma vez à medida que o povo se levanta e remove seu déspota do poder?

Para a Delancey Street Foundation, com seis instalações residenciais em todo o país, o livre-arbítrio está no centro de tudo. A fundação foi criada em São Francisco em 1971 para ajudar ex-usuários de drogas, condenados e indigentes a restaurar suas vidas por meio de uma autogestão efetiva e responsável. (A autogestão também se tornou a estrutura de escolha dos administradores da fundação não muito tempo depois). Como parte do programa de autorreabilitação, as pessoas auxiliadas pela fundação são ensinadas a agir "como se" fossem pessoas de pensamento livre, com integridade e confiança, mesmo que tenham passado meses na prisão por prostituição, assassinato, posse de heroína, ou algo semelhante. O mais irônico é que esses indivíduos *são* pessoas de pensamento livre que têm vontade de fazer o que desejam e fazer

22. FRANKL, Viktor. *Em busca de sentido*. São Paulo: Vozes, 2016.

escolhas de acordo. Por meio das circunstâncias da vida, da repressão ou da abnegação, eles perderam a capacidade de *reconhecer* que têm a liberdade de fazer infinitas escolhas na vida, não obstante, a liberdade continua lá. A Delancey Street Foundation não dá poder a quem acolhe; ela ajuda essas pessoas na renovação da mentalidade de que precisam para que possam enxergar que seu próprio poder como seres humanos está sempre presente.

O filósofo empresarial Peter Koestenbaum aplica a discussão do livre-arbítrio e da escolha à empresa como um todo e questiona: *o que significa o livre-arbítrio para a organização?* Sua conclusão: significa que cada um é responsável por motivar a si mesmo, não é tarefa dos CEOs, líderes e gestores da empresa. Eles podem criar as condições e organizações nas quais as pessoas trabalham, mas as pessoas se *auto*motivam, diz Koestenbaum, e, mais que isso, ninguém pode se eximir com sucesso dessa responsabilidade. O benefício ganho pelos líderes da organização é que, uma vez que eles reconhecem a responsabilidade motivacional do indivíduo, eles não ficam mais atarefados em capacitar seus funcionários e remanejá-los aqui ou ali para melhor descobrir suas habilidades ou zonas de conforto. Com os trabalhadores finalmente responsáveis por descobrir seu próprio poder e negociar (e renegociar) suas próprias posições dentro da organização, os líderes da empresa ficam finalmente livres para lidar com os mercados, estratégias e *suas* responsabilidades para com a empresa. O modelo de mentalidade tradicional de gestão é, portanto, virado de cabeça para baixo, ou, provavelmente, de cabeça para cima, pela primeira vez.

Para a empresa, ir além do empowerment envolve abrir portas para deixar um novo tipo de ciência varrer a organização, o que, por sua vez, leva a mudanças na linguagem e cultura do ambiente de trabalho. A mudança na ciência envolve um afastamento total do pensamento linear newtoniano que inspirou o comando e o controle no ambiente de trabalho burocrático. Esse pensamento linear é muito orientado para cima, para baixo, para o norte, para o sul e do topo para a base. A nova ciência que permeia as organizações em rede e autogeridas é derivada de um mundo quântico onde, no ambiente de trabalho, as redes cinéticas de pessoas estão em constante movimento, mudando de forma conforme necessário para antecipar e responder às necessidades, de forma ágil e eficaz. As caixas newtonianas no organograma convencional, movimentadas e reajustadas, anualmente, a fim de consolidar e reconsolidar controle, já eram.

Os desumanizados "subordinados diretos" tornam-se, assim, os parceiros de trabalho que eles são, e os "ativos humanos" dão lugar aos seres humanos, ou seja, a diferença entre pessoas e máquinas fotocopiadoras não é apenas reconhecida, mas incorporada. Como aponta a autoridade de gestão empresarial Henry Mintzberg: "Uma empresa é uma comunidade de seres humanos, não uma coleção de 'recursos humanos.'"

Finalmente, à medida que as organizações se achatam, a cultura sem dúvida muda. Além disso, com o advento dos millennials no mercado de trabalho, a cultura já está passando por mudanças significativas, e assim a questão da mudança contínua de cultura quase se torna uma questão de quem vem primeiro: a "organização em rede" direciona a cultura para os millennials, ou eles direcionam a mudança cultural para abalar ainda mais as estruturas organizacionais? Ou ambos ocorrem simultaneamente?

O fato é que os millennials não são nada parecidos com a geração boomer de seus pais, cujos membros cumpriam suas horas e pagavam suas dívidas na esperança de subir profissionalmente sem cair. Em seu trabalho, os millennials não buscam "chegar à frente" como fizeram os boomers; eles buscam propósito e a perspectiva de serem agentes da mudança no mundo em geral. Eles são movidos pela capacidade de inovar, criar e colaborar e não estão nada interessados em se "escravizar" durante anos para provar aos seus gestores que têm valor. Os millennials são como os átomos da física quântica: eles saltam de uma forma não tão ordenada,

Os millennials são como os átomos da física quântica: eles saltam de uma forma não tão ordenada, atraídos pelas coisas que fazem melhor, se emparelhando com outros átomos para colaborar em projetos específicos, e depois seguem criando cadeias inteiras de novas interações com resultados significativos.

atraídos pelas coisas que fazem melhor, se emparelhando com outros átomos para colaborar em projetos específicos, e depois seguem criando cadeias inteiras de novas interações com resultados significativos. Com todos os benefícios para a empresa, derivados de uma atividade tão poderosa, a pergunta é: por que qualquer líder ou gestor de empresa iria querer atrapalhar?

O poder e a vantagem social/econômica

Não faz muito tempo, Robert Evans Wilson Jr., um estudante das técnicas de motivação, ao escrever sobre o desejo de poder na *Psychology Today*, afirmou: "Inerente à busca pelo poder está o medo, e o desejo de poder visa eliminar o medo."[23] Ele prosseguiu afirmando inequivocamente que "o poder político e social é a última forma de controle".

Embora eu, de forma inquestionável, veja a conexão entre poder e controle, até recentemente, a conexão com o medo não ficava muito clara para mim. Então eu a compreendi, em primeira mão, em um projeto de consultoria que foi extinto por uma gestora intermediária que trabalhava nos bastidores para conter a exploração da mudança organizacional de seu líder. Na época, fiquei frustrado com o subterfúgio que estava acontecendo por baixo dos

23. Robert Evans Wilson Jr., "*Fear vs. Power*", Psychology Today, 11 mar. 2013. Disponível em: www.psychologytoday.com/us/blog/the-main-ingredient/201303/fear-vs-power.

panos para anular qualquer esperança de que a empresa progredisse. Fiquei decepcionado pelo líder da empresa, que tinha a melhor das intenções, mas, no final, se deixou levar pela pressão de um poderoso (aí está essa palavra...) executivo da empresa.

Então percebi o que estava acontecendo: o projeto foi abandonado por uma pessoa que temia a perda de seu poder político e, possivelmente, de sua posição gerencial dentro da organização. Esse medo e o desejo de manter seu controle político ofuscaram todo o resto. Em retrospecto, vi que ela não podia suportar o *desconforto* de seu medo, gerado pela perspectiva de mudança. Ela buscou o controle para amenizar e suavizar a mudança. E conseguiu, pelo menos por enquanto. Portanto, sim, o medo e o abuso de poder andam de mãos dadas, em conjunto com o desejo de controlar os outros.

Ainda assim, o poder em si não é uma coisa negativa. Em uma organização verdadeiramente autogerida, os stakeholders e a força de trabalho como um todo percebem seu poder pleno e individual para se engajar na missão da empresa, da mesma forma que o fazem em suas próprias vidas. Eles podem optar por não se engajar e não interagir, ou podem optar por colaborar. Mas como cada indivíduo tem uma voz em uma organização autogerida, esse poder pode ser constatado. Mesmo o abuso de poder — policiamento, intimidação etc. — pode vir à tona desde que as pessoas sejam humanas. No entanto, há uma tolerância mínima para tal comportamento quando todos os interessados possuem seu próprio poder, e todos aproveitam os benefícios de uma empresa que se direciona para planos cada vez mais altos. No final das contas, os benefícios econômicos e sociais são vantajosos e atraentes para a vantagem competitiva da empresa e dos seres humanos.

Em *Haier Purpose: The Real Story of China's First Global Supercompany*[24], os autores Yong, Yazhou, Dearlove e Crainer contam

24. YONG, Ha; YAZHOU, Hao; DEARLOVE, Des; CRAINER, Stuart. *Haier Purpose: The Real Story of China's First Global Supercompany*. Grã-Bretanha: Infinite Ideas, 2017.

a história de uma empresa decrépita, administrada pelo Estado, à beira da falência, e como ela se tornou a maior fabricante mundial de eletrodomésticos, absorvendo empresas americanas como a GE Appliances. A história da Haier é muito parecida com a história da Morning Star (que o CEO da Haier, Zhang Ruimin, estudou como modelo), exceto pelo fato de que a Morning Star era uma startup, lançada para fracassar ou para ser bem-sucedida como uma organização totalmente autogerenciada. A Haier enfrentou o enorme desafio de reorganizar um dinossauro em extinção como uma empresa progressista e esclarecida que evolui em direção à autogestão.

Os líderes de ambas as empresas compreenderam que o poder e o controle não poderiam desempenhar nenhum papel nos projetos organizacionais de suas empresas, que estariam focadas tanto em benefícios econômicos quanto sociais. Ambas as organizações seriam orientadas pela sua missão, seus valores, seus princípios, sua inovação e sua iniciativa. Além disso, tanto Ruimin, da Haier, quanto Rufer, da Morning Star, viram que as cadeias de informação, quando transmitidas verticalmente (do topo para a base), eram especialmente autodestrutivas para a inovação e a capacidade de ser ágil. Para permitir tal agilidade, eles sabiam que as informações deveriam ser coletadas dos clientes que compram o(s) produto(s). Em seguida, as informações deveriam fluir dos indivíduos da organização que estivessem mais próximos dos clientes. Tanto Rufer quanto Ruimin sabiam que essas seriam as pessoas mais importantes do mundo para os clientes. O antigo modelo, que se baseava em atender o cliente somente após receber um direcionamento por parte de seu gestor, estava morto.

Ruimin, da Haier, expressa melhor essa ideia, quando descreve a virada do fluxo de informações para impulsionar, de maneira incessante, a inovação e a melhoria: "É importante continuar girando a pirâmide o tempo todo, porque o mais importante é que os funcionários ouçam o mercado e não o chefe."

A autogestão organizacional é global

Não há como avaliar o impacto da autogestão no mercado global sem se voltar para dois exemplos principais: a W.L. Gore e a Semco.

Concebida em uma garagem em Newark, Delaware, em 1958, e denominada "a empresa mais inovadora" na América pela *Fast Company*[25], a W.L. Gore and Associates foi idealizada pelo empresário Bill Gore e sua esposa, Genevieve. O casal não apenas desenvolveu o conceito Gore-Tex de alto desempenho, que mais tarde geraria o fio dental Glide, cordas de guitarra Elixir e material industrial avançado, eles também conceberam a estrutura organizacional em "treliça"[26] que fez da W.L. Gore uma das primeiras organizações basicamente planas do mundo. Além disso, ela é consistentemente considerada, pela revista *Fortune*, uma das "100 Melhores Empresas para se Trabalhar".

Os clientes globais da Gore, que incluem Columbia Sportswear, The North Face, o Departamento de Defesa dos EUA, a Nasa e agências policiais em todo o mundo, são consistentemente leais a uma empresa que apresenta resultados surpreendentes todos os anos. A flexibilidade e adaptabilidade da empresa ao mercado global pode, em boa parte, ser associada à sua estrutura organizacional. Os associados da Gore, em pesquisa e desenvolvimento, têm a liberdade de formar equipes flexíveis em torno de projetos de pesquisa específicos; eles se unem espontaneamente para buscar inovações particulares, depois se dissolvem e formam novas equipes com base em novas ideias a serem desenvolvidas. A inovação pode e vem de qualquer lugar. As cordas de guitarra

---

25. Alan Deutschman, "*The Fabric of Creativity*". Fast Company, 01 dez. 2004. Disponível em: www.fastcompany.com/51733/fabric-creativity.

26. O termo treliça vem do francês (*treillis*) e refere-se a uma estrutura, geralmente de metal, composta por barras perpendiculares que se unem em um ponto comum (nó). Organizações e equipes de treliças gerenciam a si mesmas por meio de um senso de benefício mútuo, responsabilidade e propósito comum.

Elixir, por exemplo, foram concebidas durante uma conversa informal na empresa com um músico que também era um associado da divisão de produtos médicos da Gore. Os quatro princípios-chave da Gore, que resistiram ao teste de sessenta anos, são Liberdade, Honestidade, Compromisso, e, o princípio que a empresa chama de Linha de Flutuação: os associados da Gore consultam colegas de trabalho experientes antes de tomar qualquer decisão "abaixo da linha de flutuação", que possa causar danos à empresa.

Ao contrário da W.L. Gore, que construiu seu negócio a partir do zero em sua visionária estrutura organizacional em treliça, a empresa brasileira Semco Partners (originalmente Semco Group) passou para uma estrutura organizacional centrada nas pessoas a partir de uma rígida estrutura de comando e controle. Em 1980, depois de continuamente entrar em conflito com seu filho Ricardo, o CEO e fundador, Antonio Semler, entregou as rédeas de sua problemática empresa a Ricardo, que tinha 21 anos, e o desafiou a salvar o negócio. Na época, a fornecedora de equipamentos brasileira relatava vendas anuais de quatro milhões de dólares. Ricardo Semler imediatamente demitiu dois terços dos gestores da empresa, começou a diversificar os negócios e, mais importante: começou a encontrar um equilíbrio entre trabalho e vida pessoal para os colaboradores de sua empresa, tudo isso enquanto abria a empresa para a inovação e o crescimento. Vinte anos depois, por meio de uma experimentação estrutural radical e uma diversificação ousada, ele tinha crescido o negócio para 212 milhões de dólares, com um crescimento anual de quarenta por cento e uma taxa de rotatividade de menos de dois por cento de funcionários.

Hoje, os relatórios da Semco Partners apresentam volumes de vendas globais anuais de mais de um bilhão de dólares em vários setores. Durante uma recente recessão de dez anos no Brasil, a empresa ainda cresceu seiscentos por cento, os lucros aumentaram quinhentos por cento, e a produtividade subiu setecentos por cento, de acordo com a *Inc*[27].

Semler também aplicou suas ideias nada usuais de autogestão, cujo centro é nas pessoas, à escolaridade e a outros aspectos da vida brasileira. Por trás desse impulso está seu desejo de ajudar os outros a pensar fora de suas caixas e apreciar melhor suas vidas, sobre o qual ele fala em seus livros, *Virando a própria mesa*[28] e *Você está louco!*[29] O foco de Semler na globalização, na aceleração tecnológica, na mudança e, especialmente, no deslocamento econômico (a disparidade entre os pobres e os ricos) resultou em maior justiça no ambiente de trabalho para seus próprios funcionários, que chegam a determinar seus próprios salários. Importante, também, é o fato de isso ter estimulado um sucesso notável para a própria empresa. Em uma recente palestra do TED[30], o irreverente Semler comentou: "Pessoas com muito dinheiro sempre falam em retribuir, mas talvez elas tenham conseguido muito para começo de conversa!" Quando perguntado sobre sua habilidade extraordinária de soltar as rédeas em todos os lugares do ambiente de trabalho e inspirar uma confiança que retorna à empresa em inovação, crescimento e lucro, ele respondeu de maneira simples: "É preciso um salto de fé para reduzir o controle."

W.L. Gore e Semco Partners são dois exemplos notáveis de autogestão no cenário global. Nos dias atuais, o interesse global em autogestão em todo o mundo é conhecido como VUCA *(Volatility, Uncertainty, Complexity and Ambiguity)*: Volatilidade, Incerteza, Complexidade e Ambiguidade. Enquanto as empresas em todos

---

27. Chuck Blakeman, "*Companies Without Managers do Better by Every Metric*". Inc., 22 jul. 2014. Disponível em: www.inc.com/chuck-blakeman/companies--without-managers-do-better-by-every-metric.html.

28. SEMLER, Ricardo. *Virando a própria mesa*. Rio de Janeiro: Rocco, 2002.

29. SEMLER, Ricardo. *Você está louco!* Rio de Janeiro: Rocco, 2007.

30. Ricardo Semler, "*How to Run a Company With (Almost) No Rules*", TED, out. 2014. Disponível em: www.ted.com/talks/ricardo_semler_how_to_run_a_company_with_almost_no_rules.

os lugares tentam compreender as melhores formas de adaptação em um mundo VUCA, elas estão descobrindo, cada vez mais, que as organizações autogeridas estão se mostrando as mais ágeis.

Bem-vindo a um futuro projetado para a autogestão: 11 catalisadores

Para que você tenha uma visão geral do futuro do trabalho, teste minha **Tabela Periódica Interativa do Futuro do Trabalho**[31] inspirada no meu amigo e empresário científico Kennan Kellaris Salinero. Derivados dela, em parte, estão 11 catalisadores de mudanças futuras que ajudarão a sociedade a transcender a burocracia do trabalho. Os catalisadores da mudança incluem:

1. **Tecnologia** — a constante iminência de novas tecnologias se torna mais revolucionária do que a própria internet. A convergência de blockchain, inteligência artificial, realidade virtual, engenharia genética, robótica, nanotecnologia e muitas outras, irá nos surpreender. Os próprios desintermediadores de hoje serão desintermediados. As estruturas tradicionais de emprego não ficarão imunes a mudanças. As pessoas vão exigir que as organizações sejam tão flexíveis e criativas quanto as pessoas que trabalham para elas.
2. **Millennials e Geração Z** — resistem a ambientes de trabalho burocráticos e se aglomeram em ambientes de trabalho ágeis e flexíveis com criatividade e propósito.
3. **Comunidades, associações, redes e conferências** — experimentam uma explosão no compartilhamento de conhecimentos, práticas e experimentações, que impulsionam a inovação. Grupos colaborativos veem as "falhas"

31. Doug Kirkpatrick, "*Interactive Periodic Table of the Future of Work*", LinkedIn, 01 dez. 2016.

da experimentação como prova de seu impulso para a inovação, construindo credenciais.

4. **Mundo corporativo terá preferência pelo modelo ágil de desenvolvimento de software** — o desenvolvimento de produtos e serviços como um todo se move para o modelo rápido, iterativo de desenvolvimento de software, que depende da entrada persistente do usuário.

5. **A tecnologia social liberta a inteligência coletiva** — a Open Space, a World Café e centenas de outras práticas de tecnologia social aumentam as reuniões e apresentações convencionais e se tornam fundamentais para a autogestão.

6. **Pracademia** — os insights acadêmicos passam à aplicação prática. A mudança emana de instituições visionárias como Singularity University, The Center for Innovative Cultures em Salt Lake City e The Center for Positive Organizations, na Universidade de Michigan.

7. **Equipes virtuais** — o fenômeno mundial da colaboração entre equipes distribuídas virtualmente continua a adotar modelos de autogestão síncronos e assíncronos.

8. **Jornalistas/mídia/blogs** — jornalistas de todos os meios de comunicação social e de negócios estão contando e prevendo cada vez mais as rápidas mudanças do mundo VUCA, bem como disseminam a seguinte tendência: as empresas devem prestar atenção e ser ágeis! Vale dizer, também, que um grande número de blogueiros e podcasters atuam como repórteres da linha de frente sobre o futuro do trabalho (veja, por exemplo, o Medium.com).

9. **Mapeamento da rede** — enquanto os organogramas seguem ultrapassados, a força de trabalho empresarial se auto-organiza. Com isso, as organizações monitoram processos formados de maneira orgânica, os quais são inovadores

e direcionados a entender melhor as redes humanas. (O Banco Mundial e as Nações Unidas usam o Net-Map, uma estrutura flexível e aberta para entender as redes).

10. **Novos produtos e serviços** — novas tecnologias permitem o trabalho em equipe e a colaboração, e agilizam. Além disso, simplificam o trabalho em rede, bem como o entendimento cultural por meio do apoio às decisões, mensagens, votações, pesquisas, métricas, etc., tornando o tempo, o lugar e o assunto irrelevantes. (Por exemplo, confira Waggl, Slack, Ryver, CultureAmp e muitos outros).

11. **Nova ciência** — o novo ambiente de trabalho, que não é linear, ecoa no mundo quântico das ondas de causa e efeito, de forma oscilante e em cascata, exigindo uma resposta em tempo real. O mundo newtoniano das diretrizes lineares dos patrões começa a desaparecer[32].

32. WHEATLEY, Margaret. *Leadership and the New Science*. Oakland, CA: Berrett-Koehler Publishers, 2006.

CAPÍTULO 4

ANTES DO SEU PLANEJAMENTO: CONSIDERAÇÕES SOBRE A AUTOGESTÃO

Inovar a própria estrutura da organização é a última fronteira da vantagem estratégica e competitiva.

— Doug Kirkpatrick

AGORA, DIGAMOS QUE VOCÊ ESTEJA COMEÇANDO a ver a constelação de benefícios estratégicos, competitivos e humanos que podem se acumular para uma empresa autogerida. Você está considerando o conceito de autogestão como uma alternativa viável enquanto guia sua empresa para o futuro ou lança seu novo empreendimento. Mas... espere. Você tem tantas perguntas e, enquanto algumas são absolutamente lógicas, outras podem ter origens mais viscerais. Afinal, trata-se de uma *mudança*. Ela pode ser emocionante e promissora, mas também pode gerar medo dentro de uma organização se não for gerenciada adequadamente.

Antes que qualquer discussão interna possa ocorrer (e certamente antes que você defenda a autogestão para os stakeholders), é vital confrontar questões, apreensões e noções preconcebidas sobre autogestão como filosofia organizacional, e na prática. Para facilitar a discussão aqui — e discussões em que você estará envolvido dentro de sua própria organização —, forneci uma lista abrangente de perguntas frequentes (FAQs) e minhas respostas a elas. Um consultor de autogestão experiente pode ajudá-lo com as muitas perguntas adicionais que seus stakeholders podem fazer sobre sua empresa em particular (por exemplo: qual de nossos colaboradores irá lidar com a estratégia? Como, precisamente, nossa empresa lidaria com a compensação? O que os gestores que mantivermos farão? Quanto tempo nossa iniciativa específica levará para se implantar?). As respostas dependerão muito do escopo de sua iniciativa, do tamanho de sua empresa e da extensão da mudança que você espera iniciar em cada fase de sua implementação. Se você leva a sério a perspectiva de passar à autogestão, todas as questões devem ser discutidas previamente com as partes interessadas, para evitar uma ansiedade desnecessária sobre a mudança que está sendo considerada.

Migrando para a autogestão: perguntas mais frequentes

P: Mudar para uma estrutura organizacional autogerida, onde as pessoas "gerenciam" a si mesmas, soa como um chamado ao caos. E, se, ao adotarmos a autogestão, eu perder o controle e isso resultar em caos ou mesmo em anarquia?

R: Quando me encontro com a liderança da empresa, sempre que ouço essas preocupações, vale dizer, muito válidas, eu sugiro que se seus níveis de engajamento são típicos dos postos de trabalho americanos, 67 por cento de sua força de trabalho já se encontra sem engajamento, ou seja, basicamente, sem inspiração para produzir. Eu pergunto: "Com toda essa falta de engajamento, você já não tem o caos?"

"Bem, não", eles geralmente respondem.

Portanto, mesmo com uma força de trabalho que não se encontra totalmente engajada, que não produz como previsto (e, portanto, não controlável), o caos ainda não se instalou. É aí que eu digo: "Bem, se você engajar esses indivíduos na autogestão, cada um deles terá um propósito e responsabilidades claramente identificadas. Além disso, cada pessoa saberá como medir seu próprio sucesso e terá o direito bem definido de falar, inovar e negociar sua atividade dentro da organização e entre os pares. Todos serão diretamente responsáveis perante os demais, perante uma missão de negócios pessoal e perante a missão da empresa. Em outras palavras, a organização estará operando sob um controle maior e mais generalizado do que sob a escala de comando único de uma hierarquia tradicional. Na verdade, poderia ser um ambiente *mais seguro* para a empresa, porque a partir do momento em que todos são responsáveis perante todos, existe um sistema muito mais eficiente no controle e no equilíbrio. Parece um cenário de descontentamento organizacional e caótico gerador de uma anarquia? Ou...", pergunto (às vezes, mencionando casualmente as "100 Melhores Empresas para se Trabalhar" da *Fortune*), "isso soa como um lugar maravilhoso para se trabalhar, onde as pessoas gostariam de dar o melhor de si?"

Tendo dito tudo isso, a questão do caos é completamente legítima. Nenhuma mudança organizacional deve ser permitida para instaurar o caos. As polaridades devem ser dosadas, quais sejam: migrar de forma tão lenta que torne imperceptível a mudança real, ou migrar tão rapidamente causando-se, assim, um verdadeiro caos. Envolver as pessoas na criação e na formação da mudança, desde o início, a fim de se criar um senso de gestão, é um fator essencial para o sucesso.

P: Eu sou um gestor intermediário. Se a empresa migrar para o modelo de autogestão, o que acontecerá comigo? Eu perderei meu emprego?

R: Quando uma empresa migra para a autogestão (em oposição a uma empresa que desde o início se propõe a ser uma organização autogerida), essa é uma preocupação legítima. Minha resposta a qualquer pessoa em posição de gestão é: "Qual é a sua expertise que é valorizada pela organização, e por que a organização não precisaria dela, independentemente de sua estrutura organizacional?" Em outras palavras, se você é um especialista no assunto que contribui com valor para a organização, por que a necessidade desse assunto desapareceria? Por outro lado, se seu trabalho é apenas dizer aos outros o que fazer, então, sim, talvez haja menos necessidade de seus serviços.

Isso, é claro, chama a atenção para quase tudo o que tem corrido mal com a burocracia no ambiente de trabalho ao longo das décadas. Pessoas com habilidades e conhecimentos em todos os tipos de áreas — áreas em que estudaram, treinaram e aprenderam — foram gradualmente transferidas para a "gestão de pessoas". Não surpreende que o número de trabalhadores bem-intencionados que acabaram gerenciando outras pessoas (enquanto ainda anseiam pelo dia em que poderão retornar às ocupações que originalmente imaginavam para si mesmos) seja grande. Além disso, a gestão de pessoas, em comparação com a aplicação de conhecimentos especializados em um domínio comercial, requer um conjunto de habilidades completamente diferente. O conjunto de habilidades de "gestão de pessoas" depende essencialmente de uma parte totalmente diferente do cérebro. Isso pode explicar por que tantas pessoas fracassam como gestores. Uma jovem mulher pode começar como arquiteta em um escritório de engenharia, por exemplo, e ser reconhecida como uma excelente engenheira. Entretanto, antes que ela descubra, espera-se que ela gerencie uma equipe ou um grupo de trabalho. Ela nunca chega à altura do desafio de gestão e, enquanto isso, se pergunta por que outros estão agora fazendo o trabalho arquitetônico que ela amava.

De toda forma, existe uma solução de negócios para esse enigma, e trata-se de *dividir* o papel do gestor, isto é, reformular as funções para que as pessoas possam se concentrar em seu conhecimento no assunto. Caso sua expertise resida em trabalhar com pessoas, elas podem se concentrar apenas nisso. Dessa forma, as empresas não esperam mais que a maioria das pessoas se tornem gestoras *de forma adicional ou substitutiva* às suas áreas de especialização. (Para saber mais sobre esse modelo de negócios, acesse peoplecentricorg.com, o People Centric Organizations Group).

Para o líder empresarial que lê este livro, as duas perguntas do gestor intermediário — "O que vai acontecer comigo? Perderei meu emprego?" — não são apenas críticas para os gestores que expressam suas preocupações, mas são importantes para o sucesso da iniciativa de autogestão como um todo. Se essas preocupações, completamente compreensíveis, forem tratadas de forma proativa e cuidadosa, então a iniciativa pode seguir no caminho certo com o mínimo de interrupção. Aqueles em posições desnecessárias de gestão de pessoas podem, com o menor transtorno possível, ser auxiliados a encontrar novos ou renovados propósitos.

P: E se nossos funcionários expressarem medo da iniciativa de autogestão?

R: Mais uma vez, com a mudança (mesmo com *rumores* de mudança que podem vir a acontecer no futuro) vem o medo. Isso é só a natureza humana, e é importante perceber que não há como contornar isso. As pessoas sempre tiveram medo do desconhecido, e a ação gerada por tal medo raramente é uma ação positiva. Portanto, a chave aqui é chegar à frente desse medo, e fazê-lo de uma forma pessoal, não *im*pessoal. Afinal, para um funcionário de uma empresa, a incerteza sobre seu futuro é pessoal.

Isso significa que você precisará ter conversas, muitas delas, talvez exaustivamente — com equipes, com grupos, um a um, de qualquer forma que você puder. É importante ressaltar que as discussões precisarão ser uma via de *mão dupla*, pois os medos vão se instaurar nas primeiras etapas dessas conversas, e devem ser abordados de uma forma que não os tornem banais, mas assuntos sérios. Mesmo que o medo não esteja sendo expresso externamente, você deve sempre presumir que ele existe toda vez que uma mudança generalizada está ocorrendo dentro de uma organização. Aviso: se você não estiver escutando os medos, eles podem estar causando maiores danos à sua iniciativa de autogestão do que você imagina. Isso nos leva a...

P: E se houver uma resistência despercebida à nossa iniciativa de autogestão? Como podemos saber sobre isso e como podemos evitar sabotagem e comportamentos tóxicos?

R: De fato, pode ser difícil tomar conhecimento de alguma resistência ocorrendo por baixo dos panos, especialmente se você estiver pressupondo que todos estão a favor da mudança desde o início. No Capítulo 3: O Poder da Autogestão, eu recontei minha própria experiência com uma empresa cliente, cuja gerência sênior tinha vindo até mim para ajudá-los a implementar a autogestão. Já era tarde quando descobri que um único indivíduo da gestão intermediária agia silenciosamente contra a iniciativa, enquanto nós tentávamos progredir. O CEO era um indivíduo mais reticente, que acabou por se ver pressionado pelo gestor em relação à perda dos direitos de decisão (poder).

Eu tirei muitas lições dessa experiência, a mais importante das quais foi: o líder ou líderes da empresa devem estar *totalmente* favoráveis e engajados desde o início e de forma consistente e ativa. Não pode haver dúvidas sobre o compromisso sincero da liderança da empresa com essa mudança. Com uma mudança organizacional tão pronunciada, um líder da empresa não pode ser passivo, isto é, se manter na sombra da iniciativa de mudança e simplesmente observar à medida que as coisas evoluem. O(s) líder(es) da empresa deve(m) ser prático(s), promovendo e envolvendo-se ativamente durante todo o percurso. Se ele não estiver disposto a se comprometer totalmente com a iniciativa de autogestão, então ela deve ser interrompida; caso contrário, será uma perda de tempo. E se for detectada resistência (mesmo resistência passiva-agressiva menos visível) dentro da gestão intermediária, ela deve ser abordada rapidamente.

Portanto, a liderança que não está cem por cento a favor e entusiasticamente envolvida é um alerta vermelho. Outro alerta vermelho de apoio à liderança menos engajada: membros da equipe que não estão interessados em descobrir tudo o que puderem sobre autogestão: leitura, pesquisa, visitas a outras instalações etc. Lembre-se, para fazer crescer uma iniciativa sólida, de círculos sempre crescentes, você precisará de "abelhas" (aqueles que estão solidamente por trás do esforço) para sair, fazer a dança do "abano", recrutar outras abelhas, e assim por diante.

P: E quanto à perda de funcionários? E quanto àqueles indivíduos que simplesmente não se sentirem confortáveis com a autogestão e decidirem deixar a empresa por conta própria?

R: É de se esperar uma perda de funcionários em algum nível. Embora eu possa apontar as inúmeras maneiras que a autogestão é boa para cada empresa e para todos, a realidade é que alguns indivíduos podem não desejar ter total responsabilidade e prestação de contas, bem como os mundos de possibilidades que acompanham esse tipo de oportunidade. Acredito genuinamente que mesmo os indivíduos mais introvertidos eventualmente florescem quando desfrutam de seu poder — de seu direito de ser ouvido, de contribuir e de inovar. Mas também reconheço que as pessoas dentro de um grupo ou organização podem se sentir prontas para a mudança em momentos variados e precisam buscar um tipo mais familiar de estrutura organizacional até se ajustarem a novos níveis de liberdade. Para algumas pessoas, ser capaz de falar quando necessário envolve exigências psíquicas que simplesmente não lhes são confortáveis. Tais indivíduos podem ver a rígida estrutura organizacional de um ambiente de trabalho convencional como segura, mesmo que isso os prive de certos direitos que exercem diariamente fora de seu ambiente de trabalho. Sendo assim, você precisará lidar com a evasão de funcionários, não se surpreender e lidar com isso da maneira mais leve possível. Isso pode envolver ajudar as pessoas a encontrar situações de trabalho alternativas que atendam melhor às necessidades delas.

P: O processo de conduzir círculos cada vez maiores de membros da empresa soa desafiador e demorado. O que, precisamente, está envolvido?

R: É muito raro que a ideia de autogestão seja "vendida" a um único indivíduo que então decide, em nome de toda uma empresa, alterar o modelo organizacional. Uma pessoa pode trazer a ideia à mesa, mas, de modo geral, uma equipe de liderança torna-se interessada, ou, então um líder da empresa convoca uma equipe de liderança para analisar a perspectiva da autogestão. Os membros da equipe podem fazer muitas leituras e pesquisas sobre o tema. Se forem sérios, podem trazer um consultor para orientá-los sobre o conceito e os vários modelos existentes, antes que um compromisso seja assumido e um trabalho mais extenso seja realizado.

A quantidade de tempo e o número de reuniões que pode levar antes que a liderança da empresa decida avançar com uma iniciativa de autogestão varia muito. Algumas equipes pensam na possibilidade por meses, levando em conta a potencial resistência (e resistentes) antes de decidir assumir um compromisso. Outras equipes de liderança rapidamente percebem que o modelo de autogestão é seu futuro. Recentemente, fui chamado para me reunir com a equipe de liderança de uma startup educacional. O CEO estava extremamente motivado, e a equipe tinha feito um bom dever de casa. Quando cheguei, me disseram diretamente: "Queremos trabalhar com você, então vamos falar sobre como esta organização vai ser."

Normalmente, porém, a ideia de autogestão germina e depois é fomentada através de reuniões sempre crescentes que requerem persuasão, persistência e compromisso por parte da equipe de liderança, além de inúmeras discussões sobre como lidar com a resistência dos funcionários que podem ser encontradas ao longo do caminho. Na verdade, os líderes inteligentes procuram *proativamente* a resistência desde cedo, para que possam decidir como desejam lidar com cada instância. Não se pode falar para sempre em círculos sobre resistência, pois ela pode frustrar seriamente qualquer mudança organizacional que uma equipe de liderança tenha em mente.

P: A mudança para uma nova estrutura organizacional, como a autogestão, será um processo de trabalho intensivo?

R: O processo de projetar uma nova estrutura organizacional para sua empresa envolve, de fato, uma quantidade distinta de mão de obra. As discussões contínuas e sempre crescentes que já mencionamos são a primeira parte deste trabalho. Os condutores da mudança organizacional estarão à procura de "híbridos": aqueles indivíduos dentro da organização que podem ajudar a mudar a cultura porque entendem a cultura já existente, mas também entendem a visão do novo *ethos.*

Além disso, a *linguagem* da empresa precisa mudar de modo sutil, mas significativo. Anteriormente, neste livro, olhamos a palavra "funcionário", que literalmente significa "uma pessoa que trabalha para outra pessoa em troca de pagamento". Falamos de "subordinados diretos" e "ativos humanos" — termos arcaicos de RH que se referem a *seres humanos*, mas que foram propositalmente definidos para reforçar o comando e o controle, não para inspirar humanos criativos e inovadores a alcançarem novos patamares. Uma empresa autogerida deve considerar com cuidado sua linguagem e estrutura conceitual, incluindo a ideia inerentemente desumanizante de "recursos humanos". Tais esforços levam tempo e exigem uma cuidadosa reflexão.

Desse modo, ferramentas e recursos cuidadosamente projetados são essenciais para facilitar e esclarecer o processo para todos, assegurando que a autogestão seja bem-sucedida. O núcleo do trabalho de base necessário é o conceito de "acordos entre pares", os quais são definidos e ratificados, de forma mútua, ou contratos entre aqueles que estão colaborando para atingir os objetivos da

> *Uma empresa autogerida deve considerar com cuidado sua linguagem e estrutura conceitual, incluindo a ideia inerentemente desumanizante de "recursos humanos".*

empresa. Discutiremos e ilustraremos esses acordos em detalhes na Parte II: O Guia da Autogestão. Basicamente, a ideia de acordos entre pares remete aos princípios centrais de:

- **Não coerção**. Ninguém diz a um membro da empresa o que fazer; os pares *negociam* e *renegociam* seus acordos de trabalho uns com os outros, e depois negociam com outros colegas à medida que avançam para colaborações novas ou adicionais.

- **Manutenção dos compromissos**. Os colaboradores da empresa são totalmente responsáveis uns pelos outros e pela empresa como um todo; o que eles prometem fazer, eles fazem, ou então renegociam mutuamente conforme as condições mudam.

O acordo entre pares é um contrato que identifica cuidadosamente o propósito de um indivíduo e o conteúdo do trabalho, apontando a responsabilidade de cada pessoa (você pode encontrar um exemplo desse tipo de acordo no Capítulo 10, "Trazendo a Autogestão à Vida: 12 Componentes do Mundo Real"). Ele identifica o escopo da autoridade decisória de uma forma que se conecta e se encaixa com a dos demais membros da equipe. Além disso, o capítulo detalha como esse indivíduo medirá seu desempenho, pois não haverá mais um chefe que dite isso. Qualquer indivíduo pode ter acordos com três outras pessoas ou mesmo com outras 25, todos detalhados em seu contrato. E esses indivíduos terão seus próprios acordos, negociados uns com outros. Em toda a empresa, as redes de contratos (na verdade, negociações sociais) mudarão à medida que os desafios surgirem. Além disso, os colaboradores dentro da empresa estarão continuamente percebendo e respondendo às mudanças no ambiente de trabalho, no mercado e no mundo — tudo isso informa as mudanças e o crescimento dentro das redes de acordos.

Quando se pensa nisso, esse tipo de negociação social é exatamente o que a maioria de nós faz com pessoal de manutenção, prestadores de serviços, vizinhos e familiares, no nosso dia a dia, tirando o fato de que nem sempre fazemos isso por escrito. Os acordos entre pares em um ambiente de trabalho autogerido, no entanto, explicitam o trabalho de cada indivíduo; é por isso que eu sempre aconselho que sejam utilizados. Todos os membros da empresa têm completa clareza sobre o que estão fazendo e o porquê de estarem fazendo. Os acordos tangíveis e explícitos não só eliminam confusões e mal-entendidos, mas também, paradoxalmente, liberam seus responsáveis para experimentar um nível de consciência tácita, intuitiva e de compreensão que muitas vezes não existe nas organizações convencionais.

A melhor notícia é que todo esse trabalho inicial garante um processo de *autoperpetuação*. Em outras palavras, implemente bem a autogestão e seus dias "perdidos" buscando soluções para infinitas questões de gestão, bem como adicionando a ela mais níveis por meio da reorganização e criação de organogramas, estarão, enfim, terminados. Mais importante ainda, enquanto a comunidade empresarial cria continuamente suas próprias redes de colaboração, se envolve em rápidas experiências, estabelece suas próprias metas e constrói seus próprios caminhos para alcançá-las, a própria empresa se torna um ecossistema para um sucesso ilimitado. Transparência e clareza impulsionam a responsabilidade. A organização realmente se torna uma empresa baseada no Poder do Empowerment.

A autogestão organizacional deve ser libertadora para os gestores tradicionais. Se dois antigos subordinados têm um conflito, pode-se simplesmente entregar-lhes um processo de resolução de conflitos e desejar-lhes sorte, afinal é o trabalho *deles* resolver esse problema.

P: Migrar para a autogestão parece ser contraintuitivo para muitos líderes empresariais que desfrutam de sua autoridade de comando. No entanto, ouço falar cada vez mais de CEOs que olham para modelos de autogestão. O que os motiva a isso?

R: Uma infinidade de questões está na vanguarda das mudanças organizacionais de hoje, não sendo a menor delas a vantagem competitiva para a empresa, questões contínuas de contratação e retenção (notadamente no que diz respeito aos millennials e às próximas gerações), desinteresse e mal-estar generalizado dos funcionários, questões de produtividade e o desejo de reajustar a organização para ser cada vez mais ágil à medida que o século XXI avança. Alguns CEOs olham para suas equipes de software, que já estão desenvolvendo produtos dentro de um modelo de desenvolvimento ágil e que interagem constantemente com a força de trabalho, objetivando sempre melhorias e inovações. Eles se perguntam por que a empresa inteira não pode operar em um modelo similar e se tornar mais criativa e responsiva no processo.

Outras questões, mais imediatas ou pessoais, também são motores de mudança organizacional, e muitas vezes motivam os CEOs a migrar rapidamente. Recentemente, fui contatado por um fundador de uma empresa cuja aposentadoria estava próxima, o qual me disse que queria que sua empresa permanecesse saudável e lucrativa por décadas. Ele via a autogestão como a melhor maneira possível de criar uma organização resiliente que não dependesse de encontrar o CEO sucessor perfeito, haja vista que essa busca tinha sido desafiadora até aquele momento.

Empresas interessadas em fusão ou em ser adquiridas também têm demonstrado um interesse crescente em migrar para a autogestão. Elas entendem que os modelos organizacionais burocráticos são agora globalmente reconhecidos como sobrecarregados com a falta de engajamento dos funcionários e questões associadas, que prejudicam o crescimento e colocam em risco a competitividade futura e até mesmo a própria viabilidade das empresas.

E, empiricamente falando, a humanidade é uma motivação primordial, em especial para os líderes esclarecidos de hoje. À medida que avançamos para uma era mais informada de pessoas buscando um melhor equilíbrio entre o trabalho e a vida pessoal, os empreendedores que estão lançando empresas e aqueles que estão reformulando suas organizações estão levando muito a sério esse equilíbrio. Eles estão percebendo que aqueles que são felizes em seu trabalho, trabalham melhor. Eles compreendem que seres humanos realizados em suas vidas profissionais levam essa gratificação para suas comunidades e outras esferas de sua vida, tornando o mundo melhor para todos. Não por acaso, as empresas autogeridas tornam-se ambientes onde — por meio do engajamento e do amor ao trabalho — é criado um valor maior, e assim maiores benefícios são colhidos por todos: clientes, trabalhadores e donos de empresas.

P: A autogestão parece uma ferramenta que o Vale do Silício estaria interessado. Soa bastante "progressista" para mim — uma noção socialista ou comunista que é ética, mas que, em última análise, não é lucrativa.

R: Uma empresa autogerida pode ser uma das mais difíceis de gerir que você pode imaginar, pois é mais focada em negócios e possui mais pontos críticos. Basta olhar para o modelo organizacional focado na autogestão (a processadora de tomates Morning Star) para entender tudo. Tal empresa se lançou em um nicho de mercado com muita concorrência, e ainda assim, rapidamente cresceu e ofuscou seus concorrentes e surgiu como a maior processadora de tomates do mundo. Embora tenha sido lançada em uma indústria muito tradicional, o dono da empresa, Chris Rufer, acreditava que, com a ajuda da autogestão, sua empresa superaria a concorrência em produtividade, inovação e atendimento ao cliente. E ele estava certo. Assim como Bill Gore, da W.L. Gore, e Zhang Ruimin, da Haier. Esses três líderes empresariais (e outros como eles) tinham o sucesso de seus negócios em mente. O fato de acreditarem que o caminho para o sucesso poderia ser traçado por meio da realização mútua da empresa *e* da força de trabalho tem tudo a ver com a compreensão dos seres humanos e suas necessidades e aspirações, além de uma profunda crença nos princípios fundamentais. Enquanto os trabalhadores permanecerem, em grande parte, sendo humanos, a técnica da autogestão se torna cada vez mais um senso comum do que qualquer outra coisa.

A seguir: sua jornada de autogestão

Sim, planejar mudanças organizacionais radicais pode parecer uma proposta espantosa, mas não precisa ser. Nos capítulos seguintes, você vai rapidamente adquirir:

- **Uma noção de onde sua organização se encaixará** ao longo da continuidade da autogestão.
- **Um arsenal de modelos de autogestão reais** para avaliar.
- **Estratégias e ferramentas táticas de como fazer,** que você precisará para implementar e lançar sua iniciativa.
- **Um resumo das implicações da autogestão** (o que você pode esperar que ocorra em sua jornada).
- **Orientação sólida para ajudá-lo a defender o caso** da autogestão junto aos stakeholders em toda a sua organização.
- **As melhores práticas reais** dos líderes de autogestão de hoje.

Tenha cuidado ao considerar as opções, recursos, ferramentas e implicações — o desafio pode ser estimulante e gratificante em inúmeros níveis. Sua inspiração e jornada de autogestão estão logo à frente na Parte II.

PARTE II

O GUIA DA AUTOGESTÃO

Um empregador só é bom quando fornece uma caixa de areia na qual se possa brincar.

— Edgar H. Schien, ex-professor da MIT Sloan School of Management e autoridade em cultura e desenvolvimento organizacional

CAPÍTULO 5

NOVAS FORMAS DE TRABALHO

O trabalho dos negócios é fazer e manter compromissos.

— FERNANDO FLORES, ENGENHEIRO, EMPRESÁRIO E POLÍTICO CHILENO CUJO TRABALHO COM O FLUXO DE AÇÃO E A TEORIA DE GESTÃO DO COMPROMISSO FOI FUNDAMENTAL PARA A MUDANÇA ORGANIZACIONAL NO AMBIENTE LABORAL

COMO A AUTOGESTÃO, no mundo dos negócios, tem tudo a ver com manter compromissos — com os clientes, com a missão da empresa e entre todos aqueles que colaboram no ambiente de trabalho —, a manutenção de compromissos é a chave para qualquer tipo de empresa autônoma, não importa onde ela se encaixe ao longo do continuum do ambiente de trabalho. Honestamente, manter seus compromissos deve ser o objetivo de qualquer organização se os donos do negócio quiserem que a empresa permaneça viável e competitiva. Mesmo em um ambiente de trabalho altamente repressivo, a maioria dos donos de empresas quer manter seus compromissos com os clientes e o mercado. É que as burocracias convencionais geralmente dependem de comando e controle para *obrigar* seus trabalhadores a manter esses compromissos por eles. Mas isso é coerção e não dá muito certo por um longo período.

Da escravidão à salvação

Quando olhamos para o continuum ao longo do qual se encontram as estruturas organizacionais, o que estamos analisando essencialmente é o grau variável de coerção em contraste com o grau variável de liberdade no ambiente de trabalho. O exemplo mais extremo desse continuum nos mostraria o ambiente de trabalho mais repressivo em uma extremidade, e um ambiente de trabalho que representa o modelo de autogestão total (liberdade para produzir, criar e inovar sem nenhum comando e controle) na extremidade oposta. Seria provavelmente algo parecido com isso:

DA TOTAL AUTORIDADE DE COMANDO À AUSÊNCIA DE AUTORIDADE DE COMANDO

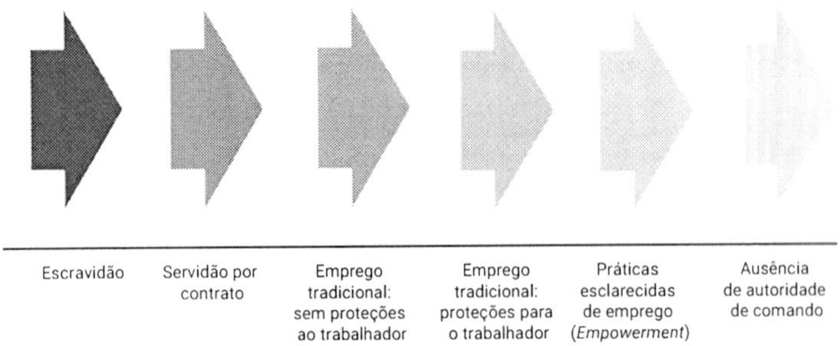

Na escravidão, os patrões ordenam e os trabalhadores não têm quaisquer direitos, nem mesmo o direito de reivindicar um salário por seu trabalho. Em um negócio autogerido, como o modelo de empresa totalmente autogerida, a Morning Star, não há chefes nem gestores de outros. (A ironia é que em uma organização genuinamente autogerenciada *existem* patrões em todos os lugares, pois cada trabalhador da empresa é responsável e responde por todos os seus colegas de empresa).

Portanto, quando você estiver interessado em aplicar a autogestão na sua própria empresa, sem dúvida você estará preocupado com a questão do controle: quem, em última análise, irá controlar a organização? Ela será completamente autogerida ou haverá diferentes graus de autonomia? A gestão residirá dentro de unidades predeterminadas ou por meio de um corpo de indivíduos que formam suas próprias equipes de projeto, de forma dinâmica, conforme necessário? Haverá níveis muito reduzidos de gestores? Ou, como na Morning Star, não haverá gestores? Quem, precisamente, será o responsável por quem?

Muitas considerações o ajudarão a elucidar essas questões e outras como elas. E, como já dissemos, algumas dessas considerações serão pessoais e filosóficas. Por exemplo, como líder de uma empresa, até que ponto você acredita na liberdade pessoal ou no direito das pessoas no ambiente de trabalho de serem felizes?

Qual caminho é o melhor para você? (dica: não há uma resposta "certa")

Todas as considerações mencionadas anteriormente farão parte do processo de autoavaliação que descreveremos no capítulo seguinte e foram essenciais para as decisões tomadas pelos líderes de outras empresas autogeridas ou que desejam a autogestão também. Em breve, veremos algumas dessas empresas e as estruturas de governança que elas escolheram implantar. Quer elas estivessem ou não familiarizadas com termos de estrutura organizacional como *teleocracia* ou *holacracia* no momento de suas próprias avaliações, elas ainda podem ter optado por uma forma de governança autônoma ou semiautônoma que se assemelha a uma dessas estruturas ou a outras como elas. Ou podem ter optado pela simplicidade de uma verdadeira autogestão.

À medida que os negócios se aprofundam no século XXI, as organizações podem e vão tomar muitos caminhos para ambientes de trabalho mais vibrantes, envolventes, livres, sustentáveis, respeitosos e de alto desempenho que dependem da escolha individual, do compromisso e da realização — não coerção. Hoje, as opções de organização incluem: a holacracia, teleocracia, sociocracia, democracia, wirearquia, podularidade[33], autogestão, ROWE (*Results Only Work Environment* — Ambiente de trabalho orientado para resultados), gestão ágil, gestão horizontal, gestão wiki, gestão radical, gestão em treliça e qualquer tipo de abordagens que transferem o foco da burocracia para a eficácia dos indivíduos. Eis a seguir uma amostra de tais abordagens; eu incluí referências a empresas que as utilizam, quando aplicável. A seleção tem o objetivo de representar uma amostra central de rubricas, teorias, estruturas, métodos, conceitos, sistemas e abordagens, porém não objetiva ser exaustiva ou completa.

HOLACRACIA

Segundo o HolacracyOne, a holacracia "traz estrutura e disciplina a um ambiente de trabalho de igual para igual"[34]. Lançada em 2007 pelos pensadores e empresários Brian Robertson e Tom Thomison, a holacracia é uma estrutura de autogestão que convida todos em uma organização a participar da governança, da tomada de decisões baseada em papéis e do propósito compartilhado. Ela foi projetada para substituir o paradigma obsoleto de previsão e controle por uma abordagem adaptativa, do século XXI, com base no sentido e na resposta.

Em 2013, o CEO da Zappos, Tony Hsieh, adotou essa estrutura para seus 1.500 funcionários. Seu objetivo era criar uma empresa

33. Trata-se de uma estrutura ou abordagem podular em empresas. Um pod (em uma tradução livre "cápsula") é uma unidade da empresa que substitui a estrutura de departamento, assim seriam times formados dentro das organizações de maneira mais independente e autônoma. Disponível em: https://aca-it.be/en/about-us/podular-approach/.

34. "*What is Holacracy*", Holacracy. Disponível em: www.holacracy.org/what-is holacracy?hilite=%27brings%27%2C%27structure%27%2C%27and%27%2C%27discipline%27%2C%27peer-to-peer%27%2C%27workplace%27. Acesso em: 17 jan. 2019.

que fosse menos como uma corporação hierárquica e burocrática e mais como uma "cidade", na qual as pessoas e as empresas se auto-organizassem. O *Wall Street Journal* relatou que mais de trezentas empresas fizeram experiências com a holacracia na última década[35].

HOLACRACIA

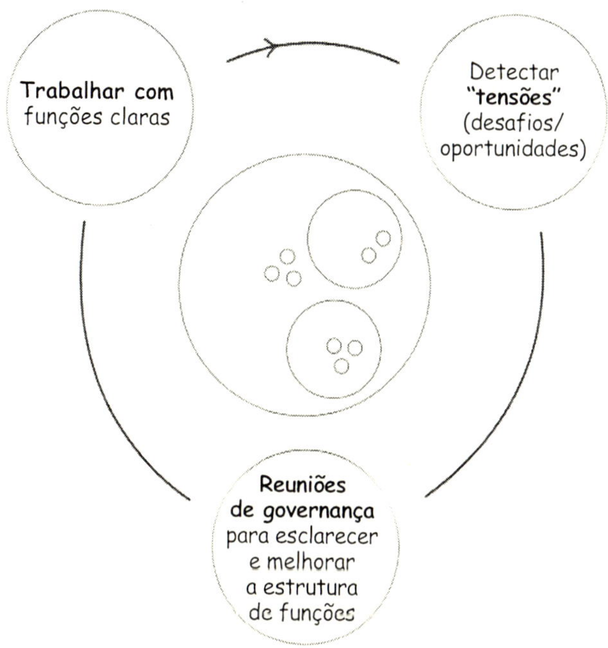

Imagem criada por Mohammed Ali Vakil com Calm Achiever, um Provedor Holacrático certificado, e utilizada com permissão de Brian J. Robertson da HolacracyOne, LLC e Mohammed Ali Vakil.

35. Rachel Emma Silverman, "*5 Things on Having No Boss*", The Wall Street Journal, 20 maio 2015. Disponível em: www.blogs.wsj.com/briefly/2015/05/20/5-things-on-having-no-boss/.

DEMOCRACIA

A democracia organizacional é um movimento promovido pela organização WorldBlu, chefiada pela fundadora Traci Fenton.

De acordo com o site da WorldBlu: Freedom at Work, a democracia organizacional é um "sistema de organização que se baseia na liberdade, em vez de medo e controle." É uma forma de projetar organizações para ampliar as possibilidades do potencial humano e da organização como um todo". A WorldBlu é movida por uma visão audaciosa de ter um bilhão de pessoas trabalhando em liberdade em todo o mundo. Uma lista de dez princípios (descritos em maiores detalhes no site da WorldBlu) define o ambiente de trabalho democrático:

1. objetivo e visão;
2. transparência;
3. diálogo e escuta;
4. justiça e dignidade;
5. prestação de contas;
6. individual e coletivo;
7. escolha;
8. integridade;
9. descentralização; e
10. reflexão e avaliação.

Equipada com esses princípios, a WorldBlu mantém tabelas de desempenho que avaliam o projeto geral de uma organização em um continuum que passou de baseada no medo para centrada na liberdade e é dividida em três áreas centrais: liderança, desempenho individual e sistemas e processos. Dessa forma, o progresso das empresas participantes pode ser medido conforme elas evoluem ao longo do continuum. Até hoje, essas empresas incluem: a Davita Healthcare Partners, DreamHost, WD-40 e PropellerNet. De toda forma, a organização WorldBlu possui uma lista diversificada de empresas em todo o mundo, em indústrias incluindo tecnologia, manufatura, cuidados com a saúde, educação, varejo e serviços profissionais. Para mais informações sobre democracia no ambiente de trabalho, leia *The Democratic Enterprise: Liberating Your Business with Freedom, Flexibility and Commitment*, de Lynda Gratton[36].

TELEOCRACIA

Um dos principais defensores da teleocracia como estrutura organizacional é o autor e consultor Dean Tucker, engenheiro e veterano da Boeing, do Projeto Apollo da Nasa, e do Jetliner 747 da Boeing.

A teleocracia (derivada do termo grego *teleos*, que significa "propósito") é uma estrutura de gestão baseada em um senso de propósito claro — especialmente importante para os millennials que, como discutimos, não estão interessados em permanecer cegamente leais a uma empresa por anos a fio, como seus pais. Os millennials buscam o equilíbrio entre trabalho e vida pessoal e não temem a perda do emprego, pois eles precisam estar engajados, sendo instigados com um senso de propósito e significado corporativo que esteja ligado a algo maior. A teleocracia — ou "gestão orientada por propósitos" — visa atender a essa necessidade por meio de declarações de propósito, valores e visão que são então cumpridas por meio de equipes auto-organizadoras. Outras características da teleocracia são:

36. GRATTON, Lynda. *The Democratic Enterprise: Liberating Your Business with Freedom, Flexibility and Commitment*. Nova Jersey: FT Press, 2004.

- **Transparência na gestão** (os funcionários podem ler e compreender as demonstrações financeiras e ver o impacto de suas atividades).
- **Empregados como uma classe de alta prioridade** dos stakeholders da empresa.
- **Novos esquemas de compensação.**
- **Medidas de desempenho estatisticamente corretas e baseadas no tempo,** as quais geram conversas em que os funcionários são livres para contar a verdade uns aos outros.

Para saber mais sobre teleocracia, leia o livro de Dean Tucker, *Using the Power of Purpose: How to Overcome Bureaucracy and Achieve Extraordinary Business Success*[37], que detalha mais de setenta exemplos de "empresas orientadas por propósitos, cujos estoques superam o desempenho de suas empresas pares em seis para um".

SOCIOCRACIA

Um defensor fundamental da sociocracia é John Buck, um proponente inquisitivo e pensativo da sociocracia nas organizações. Sua consultoria promove "organizações responsivas, eficazes, adaptáveis e transparentes". O grupo oferece treinamento, facilitação, implementação da sociocracia e serviços de mentoria. Os resultados prometidos incluem melhoria da capacidade, melhores resultados, maior harmonia, redução das despesas gerais, autoridade distribuída e foco no trabalho que importa.

A sociocracia não é nova: a primeira organização sociocrática foi fundada em 1926, por Kees Boeke e sua esposa, Betty Cadbury, ambos educadores na Holanda, onde fundaram uma escola baseada nos princípios do consentimento sociocrático que ainda hoje

37. TUCKER, Dean. *Using the Power of Purpose: How to Overcome Bureaucracy and Achieve Extraordinary Business Success.* Bloomington, Indiana: AuthorHouse, 2008.

funciona. Em 2007, John Buck e Sharon Villines lançaram seu trabalho sobre a sociocracia. O cerne da sociocracia está enraizado em três princípios:

- **Consentimento** — o corredor pelo qual todas as decisões políticas devem passar.
- **Círculos** — órgãos semiautônomos dentro da estrutura organizacional geral. Os círculos utilizam processos de decisão baseados no consentimento para estabelecer políticas dentro de seu domínio de responsabilidade. A liderança distribuída garante que todos os afetados por uma decisão tenham voz.
- **Dupla ligação** — estabelecendo ciclos de feedback entre círculos (nuances de dupla ligação podem ser exploradas no site da organização).

Os princípios são apoiados por "aplicativos", que incluem eleições transparentes de indivíduos para cargos dentro de círculos, associações (adicionando ou removendo membros de círculos) e avaliações de desempenho de membros dos círculos por membros colegas. Seus clientes incluem fabricantes, associações comerciais, prestadores de cuidados residenciais, escolas e organizações sem fins lucrativos. Para saber mais sobre sociocracia, leia, *We the People: Consenting to a Deeper Democracy*, de John Buck e Sharon Villines[38].

Uma versão de última geração, Sociocracia 3.0, foi lançada como uma estrutura de código aberto por James Priest e Bernhard Bockelbrink, em 2015. De acordo com seu site, eles "procuram tornar a S3 disponível e aplicável ao maior número possível de organizações, bem como desejam fornecer recursos sob uma licença livre para pessoas que querem aprender, aplicar e contar aos outros

38. BUCK, John; VILLINES, Sharon. *We the People: Consenting to a Deeper Democracy*. Sociocracy.info, 2007.

sobre a Sociocracia 3.0"[39]. Priest e Bockelbrink, juntamente com a membro da equipe Liliana David, criaram o *Sociocracy 3.0 — A practical guide* (disponível em seu site).

WIREARQUIA

Wirearquia é um conceito criado em 1999 pelo arquiteto social Jon Husband. O site do movimento enfatiza que, embora possa soar como um, ela não é um paradigma tecnológico, mas sim "um dinâmico fluxo bidirecional de poder e autoridade baseado em conhecimento, confiança, credibilidade e foco em resultados, possibilitado por pessoas e tecnologia interconectadas".

A wirearquia surgiu como um princípio organizador gerado pelos fluxos de informação agora interconectados do século XXI. Ela "aponta as formas que as atividades humanas intencionais e as estruturas nas quais elas estão contidas estão evoluindo, da direção e supervisão, de cima para baixo (*comando e controle* da hierarquia), com o fim de *defender e canalizar*." O conceito torna possível a "*defesa* de ideias e inovação, e a *canalização* de tempo, energia, autoridade e recursos para testar essas ideias e as possibilidades de inovação levadas a cabo nelas"[40].

Aqui, novamente, os princípios são usados para definir e projetar o propósito, o contexto e a forma como as coisas devem funcionar dentro de uma determinada empresa ou organização. *Wirearchy: Sketches for the Future of Work* é um e-book de pensamentos, orientações e conceitos úteis de múltiplos autores que se relacionam

---

39. Berhard Brockelbrink, James Priest e Liliana David, "*History of Sociocracy 3.0*", *Sociocracy 3.0*, 2007. Disponível em: www.sociocracy30.org/the-details/history/.

40. Jon Husband, "*What is Wirearchy?*", LinkedIn, 24 nov. 2014. Disponível em: www.linkedin.com/pulse/20141124231801-69412-what-is-wirearchy/.

com a wirearquia no ambiente de trabalho[41]. Husband está em boa companhia com colaboradores notáveis, como a pesquisadora e autora digital do ambiente de trabalho, Jane McConnell (*The Organization in the Digital Age)*; observador de tendências de gestão Thierry de Baillon; o ex-banqueiro de investimentos e agora autor e blogueiro Rob Paterson; o presidente do thinktank Internet Time Alliance Harold Jarche; o especialista em análise de redes sociais/organizacionais Valdis Krebs, entre outros.

A seguir um esboço de hierarquia vs. wirearquia, a partir de uma das entradas do próprio blog de Husband. Pode ser simples, mas próximo à arquitetura de pirâmide da hierarquia está claramente demonstrado o fluxo não estruturado e dinâmico (ou "canalização") de poder e autoridade da wirearquia que permite a "defesa" de ideias e inovação em toda parte dentro de uma organização. Por outro lado, observe como, na hierarquia, a inovação é muitas vezes conduzida *fora* da pirâmide organizacional. Como Husband observa: "Estas 'novas' condições hiperconectadas tornaram todos os tipos de informação e conhecimento acessíveis para nós quase imediatamente. Elas também facilitaram compartilhar, examinar e usar informações e conhecimentos pertinentes no contexto. Tais condições não estão desaparecendo. Elas irão se intensificar, bem como irão nos envolver cada vez mais. A necessidade de desaprender, aprendizagem contínua e adaptabilidade na busca de alto desempenho nunca foi tão real nem tão crítica."

---

41. COMMONS. The Wirearchy. *Wirearchy: Sketches for the Future of Work*. Wirearchy, 2015.

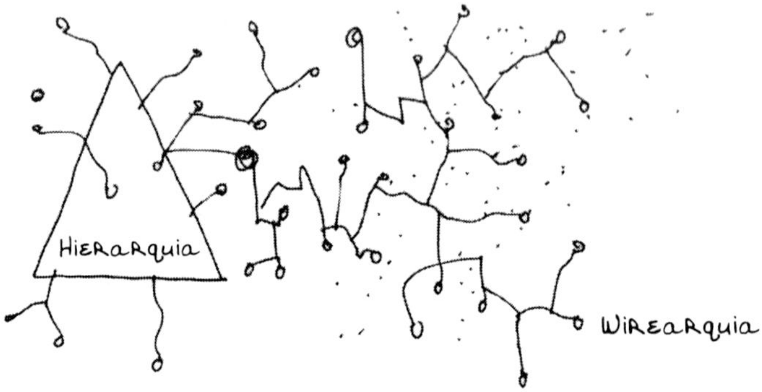

O fluxo de autoridade não estruturado e dinâmico da wirearquia permite a defesa de ideias de todas as partes da empresa. © Copyright Jon Husband.

PODULARIDADE

A podularidade existe de uma forma ou outra desde, mais ou menos, o final dos anos 1980, quando a Volvo mudou a montagem de automóveis em algumas de suas fábricas da linha de montagem para pequenas unidades de equipe de trabalhadores (na verdade, os pods) totalmente responsáveis pela montagem de Volvos, carro a carro. A ideia era aumentar as vendas e impactar positivamente a qualidade, confiando em pods independentes e investidos de pessoas que irão colaborar em todo o processo de montagem de um veículo, isto é, do início ao fim. Esperava-se que esta abordagem fosse mais eficaz do que esperar contribuições anônimas dos trabalhadores como parte de um todo maior, a corporação, para levar a qualidade e a inovação ao próximo nível. A qualidade e a produtividade decolaram.

Empresas como a Kyocera, fabricante de dispositivos tecnológicos; a Nordstrom, varejista de vestuário; e a Valve Corporation, produtora de entretenimento e tecnologia de software, utilizaram a podularidade de uma forma ou de outra. Uma *organização podular,* no entanto, abandona a tradicional estrutura organizacional vertical dividida em "silos", por pods nos quais cada função da empresa é representada e cada unidade é autônoma —uma representação mais complexa de toda a empresa. Os pods, dizem seus defensores, permitem que uma empresa forneça maior valor aos clientes sem interromper outras atividades comerciais ou desencadear atividades de apoio díspares. Os pods se concentram em objetivos holísticos para seus clientes e para a empresa, em vez de simplesmente executar etapas. Se um único pod falha, o todo ainda pode prosperar.

O objetivo da podularidade é reduzir a interdependência e, ainda assim, aumentar a coordenação e distribuição da carga de trabalho em toda a empresa. Ainda assim, existem vários métodos para conectar os pods à empresa maior; alguns proponentes favorecem cenários semelhantes à rede; outros sugerem consolidação e redespacho, múltiplas consolidações e redespacho, ou mesmo esquemas de conexão linear. Algumas organizações se tornaram totalmente podulares, enquanto outras utilizam estruturas podulares apenas para certas áreas da empresa, como na linha de montagem de uma fábrica de automóveis.

Todavia, seja uma estrutura intrincada e formalizada de círculos dentro de círculos (holacracia), ou uma não estrutura, formando e reformando dinâmica e organicamente grupos ágeis e autodeterminantes (autogestão), a podularidade é agora um conceito amplamente adotado. A seguir ilustrações de uma configuração de podularidade e de uma organização podular, dentre as muitas existentes.

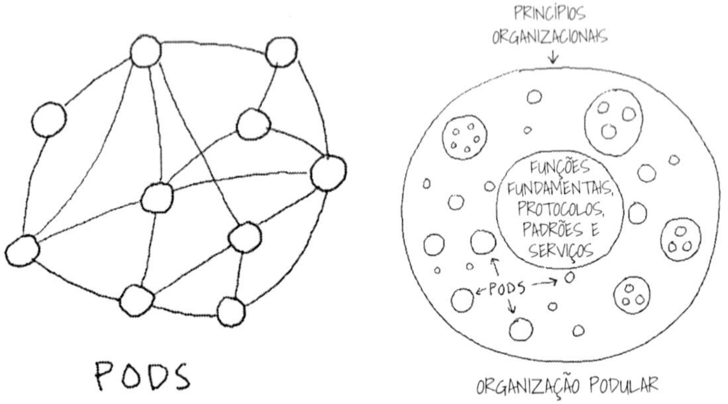

O pod (à esquerda) é um "organismo" autossustentável dentro de um exemplo de uma configuração de pods (à direita). "Pods" e "Organização Podular", de Dave Gray, é licenciado pela CC BY-ND 2.0. https://creativecommons.org/licenses/by-nd/2.0/.

ORGANIZAÇÕES DELIBERADAMENTE DESENVOLVEDORAS

A ideia de uma Organização Deliberadamente Desenvolvedora (DDO) foi defendida pelos autores Robert Kegan e Lisa Laskow Lahey (com os colaboradores Matthew L. Miller, Andy Fleming e Deborah Helsing) em seu livro de 2016, *An Everyone Culture: Becoming a Deliberately Developmental Organization*[42]. Nele, os escritores descrevem a necessidade das organizações se alinharem com o objetivo intrínseco de todos: crescer. Disponibilizar oportunidades de crescimento para todos em uma empresa — não apenas para "altos potenciais" — cria um caminho para compreender o potencial não utilizado.

42. KEGAN, Robert; LAHEY, Lisa Laskow; *et al. An Everyone Culture: Becoming a Deliberately Developmental Organization*. Brighton: Harvard Business Review Press, 2016.

Os autores compartilham estudos de casos, histórias e práticas que efetivamente comunicam os benefícios da adoção dos princípios da DDO. Embora não seja uma abordagem à estrutura organizacional em si, o conceito DDO refere-se à liberação do potencial humano em cada pessoa dentro da organização.

JAIPUR RUGS: A ARTE DA AUTOGESTÃO NA QUAL VOCÊ PODE ANDAR

"Nós não vendemos tapetes; vendemos a bênção de uma família"

Nand Kishore Chaudhary, conhecido por seus colegas mais próximos como NKC, é um homem com uma missão. O humilde fundador da Jaipur Rugs, que agora emprega quarenta mil tecelões que fazem tapetes decorativos manufaturados para venda em quarenta países, está teorizando como elevar o poder de colaboração e tomada de decisão da força de trabalho usando a autogestão organizacional. Ele e sua empresa percorreram um longo caminho desde que começaram, em 1978, com cinco mil rupias emprestadas de seu pai depois de se afastar do seu trabalho estável de bancário para buscar seus sonhos empreendedores.

Dirigindo uma scooter por aí, ele começou a produzir tapetes para venda com nove tecelões trabalhando em dois teares. Nos três anos seguintes, ele expandiu o número de teares para dez, exigindo muito mais artesãos para operá-los. A mídia começou a prestar atenção: o historiador de arte, Ilay Cooper, escreveu uma reportagem em 1980 sobre o NKC e a Jaipur Rugs para a revista *Inside-Outside*. A atenção da mídia fazia sentido: tapetes manufaturados de boa qualidade e bonitos são uma bela arte em que se pode andar (ou pendurar na parede) e que duram por gerações futuras.

Uma estratégia começou a tomar forma na mente de NKC: eliminar os exploradores intermediários que tiravam lucros do sistema e direcionar esses lucros diretamente para os incríveis tecelões que criavam a arte em primeiro lugar: os aldeões da casta dos intocáveis, os quais faziam o trabalho real. O mercado global estava ansioso para disponibilizar as tapeçarias para os clientes dispostos a pagar um preço premium e a Jaipur Rugs estava pronta para fornecê-las.

A crescente demanda pelos belos padrões de tapetes artesanais sonhados pela equipe de design inspirada na Jaipur Rugs levou à expansão da produção nas zonas rurais da Índia, onde utilizava-se walkie-talkies (um privilégio raramente permitido pelo governo indiano na época) para gerenciar a cadeia de fornecimento. No final da década de 1990, a Jaipur expandiu para incluir um braço de vendas e distribuição nos EUA. A comunidade de tecelões da empresa se expandiu rapidamente para atender a demanda global, com tecelões de aldeias do Rajastão e áreas tribais de Gujarate, as quais produziam de forma hábil obras maravilhosas que encantavam à vista e ao toque.

Enquanto desenvolvia sua estratégia comercial, da base para o topo, a filha de NKC, Kavita ("Kavi") Chaudhary realizou estudos profissionais e alcançou excelência em design, lançando coleções e ganhando prêmios internacionais de design. Uma de suas coleções, Anthar (que significa "diferenças"), é um conjunto de tapetes nascidos do erro (daí o título "Coleção de Erros"). Perfeitamente costurados ou não, cada tapete conta uma história. Um dos famosos tapetes da Coleção de Erros conta a história de três tecelões que não se davam tão bem no início (no fundo do tapete, onde tudo começa). Com isso, a textura desarticulada do tapete demonstrou tal desentendimento. À medida que os três tecelões se conheciam melhor, eles começaram a colaborar mais, e suas tecelagens se tornaram mais alinhadas e mais coordenadas. Finalmente, no topo do tapete, a arte da equipe brilha à medida que os tecelões trabalham em harmonia e juntos, formando uma sincronicidade perfeita. Assim, um tapete tornou-se tanto uma metáfora para o trabalho em equipe, quanto para a excelência. Ao aprender a trabalhar juntos, os três tecelões superaram suas diferenças.

De forma inteligente, Kavi observou o seguinte: "Anthar fala com nosso objetivo de conectar o mundo das menores vilas da Índia às principais cidades do mundo usando o design como um meio. O que normalmente teria sido pensado como um erro se transformou em uma obra de arte."[43] Em uma recente entrevista em vídeo, ela afirmou simplesmente: "Para mim, beleza é estar em harmonia."[44] Sendo assim, Anthar ganhou um Prêmio Alemão de Design em 2016.

Uma das ambições de NKC é conectar os tecelões diretamente aos clientes. Iniciativas como o envio de cartões postais artesanais de tecelões para os clientes e levá-los a eventos internacionais de premiação são duas maneiras pelas quais os artesãos se conectam pessoalmente com o mercado. A conexão pessoal é crucial, como diz NKC: "Não vendemos tapetes; vendemos a bênção de uma família."[45] Isso é quase único no mundo, e uma declaração surpreendente para o humilde fundador da Jaipur Rugs e sua própria família de talentos extraordinários. Os clientes, sentindo-se abençoados pela beleza de seus tapetes, frequentemente visitam as aldeias

---

43. "*Anthar, the Carpet by Jaipur Rugs of its Project Error Collection, When an Error Becomes a Work of Art*", Infurma, 30 nov. 2015.

44. "*The Jaipur Story*", Jaipur Rugs Company, 26 abr. 2016, vídeo. Disponível em: www.youtube.com/watch?v=EAAGyCjsUWk

45. James Allen, "*Jaipur Rugs*": Selling a Family's Blessing, Bain & Company, 8 abr. 2015. Disponível em: www.bain.com/insights/jaipur-rugs-selling-a-familys-blessing-fm-blog2/.

onde foram feitos para se encontrar e pessoalmente agradecer aos criadores — um ciclo virtuoso de arte, generosidade e gentileza em uma atividade trabalhosa, pois um único tapete pode conter um milhão de nós.

A conexão dos tecelões com os clientes tem sido um enorme catalisador para o desenvolvimento humano. Reunir periodicamente os tecelões para ver o produto tem levado a um maior engajamento e inovação. Um novo programa para permitir que desenvolvam seus próprios projetos desbloqueou a genialidade criativa e a inovação. Os tecelões estão agora compartilhando aspectos de suas próprias vidas e contando suas próprias histórias por meio de sua arte. Como observa Kavi: "Por meio dos tapetes, o cliente tem uma visão da vida do tecelão."[46] As aldeias, os animais, as pessoas e as paisagens, todos se tornam parte da história artística que os clientes valorizam. O círculo que liga o tecelão ao cliente e de volta ao tecelão está gerando dividendos incalculáveis de felicidade.

A ideia de NKC era, e é, melhorar a vida por meio do empowerment pessoal, econômico, educacional e social, em vez de apenas oferecer caridade. Como ele me disse em uma visita recente: "As tecelãs estão dando vidas melhores a si mesmas. Agora elas podem fornecer educação a seus filhos, possibilitando que seus maridos deixem a vila para trabalhar e melhorar suas comunidades". Seu objetivo comercial é o desenvolvimento pessoal, a autodeterminação econômica e a prosperidade para todos. Apesar de tudo, ele permanece humilde: "Eu nunca digo que fiz bem algum aos tecelões e tecelãs. É exatamente o oposto: Eles e elas fizeram o bem a mim."[47]

---

46. "*Jaipur Rugs:* Founder's Mentality in Action", bainandcompany, 7 maio 2016, vídeo. Disponível em: www.youtube.com/watch?v=jPEY1KRYf3E.

47. Anshul Dhamija, "Jaipur Rugs' Nand Kishore Chaudhary: *A Rugs to Riches Story*", Forbes India, 16 jan. 2018. Disponível em: www.forbesindia.com/article/social-impact-special-2017/jaipur-rugs-nand-kishore-chaudhary-a-rugs-to-riches-story/49135/1.

Isso soa como o epítome de um bom empreendedorismo social. Todavia, NKC ainda não se deu por satisfeito, nem de longe.

Autogestão empresarial: liberando um potencial ilimitado

Com o crescimento da empresa, NKC se viu consumido por administrar um negócio internacional e não passar tanto tempo na linha de frente quanto desejava, além de perder contato com as pessoas que amava: os tecelões. Ele lançou uma série de iniciativas para voltar ao seu amor original: iniciativas em educação, alfabetização, coaching, mentoria, engajamento e autogestão organizacional. À medida que NKC passava o tempo se reconectando com os tecelões, vastas oportunidades surgiram. Ele percebeu que, como observou Sanjay Singh, gestor da Jaipur Rugs: "Eles não são apenas tecelões. Eles têm qualidades maravilhosas em seu interior. Alguns deles são maravilhosos mobilizadores, controladores de qualidade, professores"[48]. Será que a grande experiência de NKC poderia apontar um indício para implementar a autogestão em escala?

Tive o privilégio de visitar uma das aldeias e ouvir dos líderes responsáveis pela transformação, e dos tecelões que a fizeram acontecer.

Se a autogestão é sobre algo, é sobre respeitar as vozes de cada membro de uma organização. NKC encarna uma profunda crença na dignidade de cada indivíduo em sua jornada de autogestão. Ele criou uma incrível comunidade de tecelões ao desconsiderar o rígido sistema de castas da Índia, não acreditando que os seres humanos deveriam ser "intocáveis". Ele acredita que as pessoas não devem ser julgadas por castas, mas por seus próprios atos. Ele encontra beleza aonde quer que vá, em quem quer que encontre, em tudo o que vê.

---

48. "*Jaipur Rugs*: Founder's Mentality in Action", bainandcompany, 7 maio 2016, vídeo. Disponível em: www.youtube.com/watch?v=jPEY1KRYf3E

Enquanto eu visitava uma vila com NKC; sua filha, Kavi; e o líder de RH, Amit Kumar Agarwal, os tecelões se apresentaram como um testemunho vivo do poder da visão de autogestão de NKC. Ouvimos do líder de qualidade Harfool sobre a importância de ouvir os tecelões, ensinando-os com paciência e bondade, e ajudando-os a melhorar suas vidas. Ouvimos de Swati, que está treinando e orientando tecelões em seus novos papéis como líderes autogerenciados e inovadores, envolvidos no desenvolvimento e design de produtos. E ouvimos dos próprios tecelões, que estão ganhando dignidade, autoestima e um futuro em seu novo ecossistema autogerenciado.

O movimento repetitivo básico: ouvir abertamente, ensinar, orientar e liberar está agora trazendo dignidade autogerida a milhares de pessoas na Índia rural e pagando dividendos para a Jaipur Rugs. NKC me falou sobre o poder da autogestão, mesmo nas pessoas da casta dos "intocáveis": "Não me diga que essas pessoas não podem se autogerir. Eles já aprenderam como sobreviver."

Mesmo ao liberar o potencial humano ilimitado dos tecelões, NKC enfrenta um novo desafio: como desenvolver profunda humildade e apreço pelos outros entre os profissionais instruídos que ele contratou para dirigir o negócio em rápido crescimento. Sua filosofia de vida *é encontrar-se por meio da perda de si mesmo*. É um processo de se tornar altruísta, de se desapegar do ego e de abraçar a simplicidade e o amor. Como ele pode conseguir que seus gestores profissionais se rendam a um propósito maior do que eles mesmos? Esse desafio representa a próxima fronteira da autogestão organizacional da Jaipur Rugs e de seu notável fundador.

Uma empresa global construída inteiramente sobre o amor

Kahlil Gibran disse que o trabalho é o amor tornado visível. James Allen, em uma postagem no blog da Bain & Company intitulado "Jaipur Rugs: Selling a Family's Blessing"[49], contou uma história profética sobre os tempos universitários de NKC:

> O professor estava perguntando sobre o propósito dos negócios. Um a um, os estudantes levantaram as mãos para opinar, e você pode imaginar as respostas: criação de valor aos acionistas, atendimento aos clientes, vencer a concorrência, e assim por diante. O sr. Chaudhary levantou a mão para falar, dizendo à classe: "Os negócios estão ao lado do amor. Eles são os criadores e preservadores de uma civilização." Seu professor falou à classe: "Este, senhoras e senhores, é um empreendedor de sucesso."

Falando de sua relação com os tecelões, NKC declarou: "Eu os amo muito!"

A Jaipur Rugs é um negócio global construído sobre o amor, um nó de cada vez, com o sonho de um fundador visionário de um futuro autogerido claramente à vista.

ROWE (AMBIENTE DE TRABALHO ORIENTADO A RESULTADO)

Jody Thompson e Cali Ressler desenvolveram o conceito de Ambiente de Trabalho Orientado a Resultado (ROWE), estabelecendo-o na empresa varejista de produtos eletrônicos Best Buy em 2005, com resultados impressionantes. Desde então, a Best Buy abandonou a iniciativa, apesar da economia de 2,2 milhões de dólares em três anos, de acordo com um artigo de Monique

49. James Allen, "*Jaipur Rugs*: Selling a Family's Blessing", Bain & Company, 8 abr. 2015. Disponível em: www.bain.com/insights/jaipur-rugs-selling-a-familys-blessing-fm-blog2/.

Valcour, 2013, na *Harvard Business Review*[50]. O objetivo do ROWE é proporcionar aos funcionários cem por cento de autonomia em relação à forma como eles realizam o trabalho, mantendo cem por cento de responsabilidade pelos resultados. O ROWE foi implementado em mais de quarenta empresas.

A base conceitual do ROWE é o reconhecimento bem documentado de que as pessoas desejam autonomia no trabalho enquanto precisam de feedback sobre o seu desempenho. O livro de Thompson e Ressler sobre sua abordagem é *Why Work Sucks and How to Fix It: The Results-Only Revolution*[51].

GESTÃO HORIZONTAL

Mario Kaphan é o fundador da VAGAS, uma empresa brasileira de software de recrutamento sediada em São Paulo. A Vagas é a principal empresa de software de recrutamento do país, com 2.400 clientes, incluindo 65 das cem maiores empresas brasileiras. A empresa se refere a seu sistema como "gestão horizontal" e criou um ambiente sem autoridade de comando. De acordo com o site Management Innovation Exchange[52], o ecossistema do VAGAS recebe uma média de trezentos mil visitantes diariamente. Além disso, o vagas.com.br está entre os duzentos maiores sites do Brasil (seis mil no mundo). O site é um dos principais sites brasileiros de recrutamento, e mais de noventa por cento de todas as visitas são orgânicas, ou seja, não originadas de publicidade paga ou similar.

---

50. Monique Valcour, "*The End of 'Results Only'* at Best Buy is Bad News", Harvard Business Review, 8 mar. 2013. Disponível em: <www.hbr.org/2013/03/goodbye-to-flexible-work-at-be>.

51. THOMPSON, Jody; RESSLER, Cali. *Why Work Sucks and How to Fix It: The Results-Only Revolution*. Nova York: Porfolio, 2008.

52. Disponível em: <www.managementexchange.com>.

AUTOGESTÃO ORGANIZACIONAL

Fundada em 1990, pelo empresário Chris Rufer, a Morning Star Company foi uma das primeiras organizações totalmente autogerenciadas nos EUA. Atualmente é a maior processadora de tomates do mundo. A Morning Star tornou-se um modelo de estrutura de trabalho informal, dinâmica e autoperpetuante. É importante ressaltar que a autogestão é baseada em princípios de vida que são evidentes em todos os lugares e são fundamentais para seu sucesso:

- As pessoas geralmente são mais felizes quando têm controle sobre sua própria vida (e trabalho).
- A autoridade decisória é mais eficaz quando está mais próxima da localização real de qualquer trabalho.
- As pessoas tendem a evoluir com maior responsabilidade.
- As hierarquias burocráticas geram a necessidade de uma gestão e controle sempre crescentes; a burocracia não se dimensiona e, em última instância, é autodestrutiva.
- No mundo inteiro, no governo ou nas empresas, a liberdade tende a gerar prosperidade econômica, enquanto a repressão geralmente gera corrupção.
- Formar a base de uma autogestão bem-sucedida exige dois princípios básicos:
    1. Ninguém deve ser coagido a fazer nada.
    2. As pessoas devem manter seus compromissos (todos são responsáveis por todos os outros membros da organização).

A ilustração a seguir mostra como os colaboradores da Morning Star Company colaboram e são responsáveis por seus pares dentro da empresa, assim como em sua vida cotidiana.

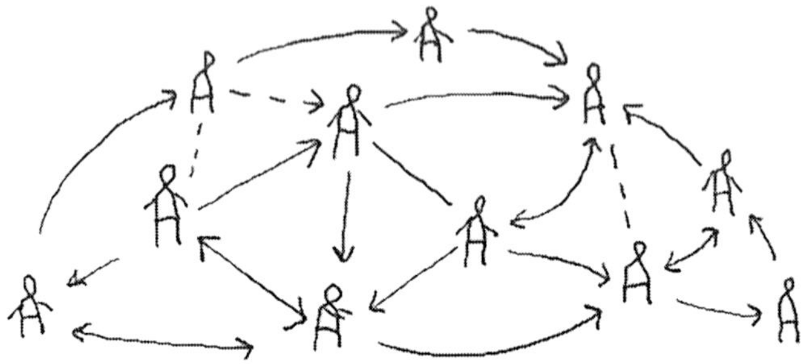

"Morning Star: Uma Empresa de Responsabilidade Mútua" de Dave Gray e licenciado pelo CC BY-ND 2.0. www.creativecommons.org/licenses/by-nd/2.0/.

A autogestão é simples e natural: representa a forma como gerimos nossas vidas diariamente no mundo cotidiano. Exemplos de empresas que implantaram a autogestão ou mantêm a verdadeira autogestão como modelo final são: Morning Star Company, Fresh Fill, Sudwerk Brewing e Apollo Education Group (uma unidade de negócios).

Autogestão por graus vs. autogestão genuína

Como membro da equipe de lançamento da Morning Star, posso lhes dizer que o processo de criação de uma organização totalmente autogerida desde o início foi desafiador, mas, em última análise, muito gratificante. Isso significa dizer que não consideramos apenas os benefícios significativos para a empresa, quais sejam, maior inovação e responsabilidade no ambiente de trabalho, mas também os benefícios incalculáveis da integração entre trabalho e vida pessoal para todos os membros de uma organização, bem como a contribuição gerada para a sociedade em geral.

Como vimos nos exemplos contínuos ao longo deste capítulo, a autogestão no ambiente de trabalho pode assumir muitas formas e algumas de suas práticas são generalizadas: equipes de trabalho autodirigidas, autonomia ou empowerment dos funcionários, a tomada de decisões é feita de forma distribuída e o "achatamento" da organização por meio da eliminação de obstáculos burocráticos e níveis desnecessários de gestão.

É importante notar que em uma empresa genuinamente autogerida, a "estrutura" surge de forma espontânea, isto é, *nenhuma* estrutura organizacional é imposta aos membros da empresa. Com isso, se os colegas em um ambiente autogerido quiserem se associar voluntariamente em uma mini-hierarquia para fins de tomada de decisão ou direção do trabalho, isso é perfeitamente aceitável, desde que a associação seja voluntária, isso significa dizer que não é imposta pela força e está sujeita à *dissociação* voluntária pelas partes envolvidas. Aqueles que trabalham na empresa são responsáveis por organizar suas próprias relações e são guiados por sua "missão comercial pessoal" (o que eles são desafiados a alcançar para a empresa), assim como são guiados por suas missões em sua vida diária. A missão comercial, então, torna-se o verdadeiro "chefe", embora seja justo dizer que seus colegas em toda a empresa também são seus chefes, no que diz respeito aos compromissos individuais.

E quanto às funções gerenciais de planejamento, organização, pessoal, direção e controle, que podem ter existido anteriormente em níveis da gestão corporativa? Na forma mais pura de autogestão, todas as funções gerenciais também se tornam responsabilidade pessoal de cada membro da organização, à medida que grupos de pares se reúnem para alcançar um objetivo específico e, assim, planejar, contratar, dirigir e controlar qualquer projeto, conforme necessário. Em uma organização totalmente autogerida, nenhum círculo ou pod é designado; os grupos se reúnem, produzem, se dissolvem e se reformam organicamente, conforme necessário.

Nenhum gráfico complexo de pirâmides ou diagramas de círculos, pods ou redes ditam a forma como os pares dentro da organização se organizam. Eles se organizam naturalmente.

A autogestão está além do empowerment. A autogestão é o próprio poder.

A autogestão genuína, então, não é o empowerment do funcionário concedido por outros. Com todos os membros da organização pessoalmente responsáveis por construir suas próprias relações de trabalho, planejar seu próprio trabalho, coordenar esse trabalho com outros, e adquirir recursos necessários e gerenciar pessoal, a necessidade de *qualquer* hierarquia formal é completamente eliminada e o processo de autogestão se torna autoperpetuado. Assim, a autogestão está além do empowerment. A autogestão é o próprio poder.

Como as empresas decidem qual modelo adotar?

A realidade é que existem inúmeras maneiras de aprimorar um modelo de autogestão que é mais adequado a uma empresa e nenhuma delas está certa ou errada. Muitas vezes, o motor da mudança organizacional (geralmente o CEO ou chefe da empresa, mas às vezes outro membro da alta administração) começará a ler sobre um novo sistema e depois passa para outros, comparando e contrastando, ou então se aprofunda em um único modelo, lendo tudo o que está disponível e que é pertinente. Sou muitas vezes chamado para familiarizar um líder empresarial sobre o conceito e o funcionamento da autogestão, porque ele pode ter lido um livro, artigo ou ouvido um palestrante falar sobre o tema. Isso não significa necessariamente que a empresa esteja considerando apenas a forma de autogestão natural, que acontece de forma orgânica e dinâmica, como a que trabalhei. Todavia, a equipe de liderança, pode, de fato, estar se reunindo com consultores que representem qualquer tipo de modelos organizacionais. Ou não.

O CEO da Zappos, Tony Hsieh, por exemplo, ficou impressionado com o modelo de holacracia de Brian Robertson. Sem medo de experimentar na cultura já vibrante de sua empresa, Hsieh tornou-se o adotante mais significativo de tal modelo, que reestrutura a governança e a tecnologia.

Os líderes empresariais frequentemente enviam suas equipes de liderança a conferências, reuniões e seminários onde podem encontrar os criadores de modelos organizacionais ou aqueles movimentos de ponta. As equipes retornam com um rico feedback, não apenas dos líderes do movimento, mas também, o que é importante, das empresas clientes e de outros que estão atualmente no processo de implantação das novas estruturas organizacionais (ou não estruturas, como é o caso da autogestão pura).

Além disso, há os líderes ultravisionários, cujas vidas pessoais e missões se cruzam tão perfeitamente com suas filosofias empresariais que a autogestão é o resultado natural. Recentemente, eu me reconectei com um indivíduo assim: Brian Rocha, CEO da Fresh Fill, em Los Banos, Califórnia. Brian e seu sócio, Brett Windecker, tinham conversado comigo 18 meses antes de começarem a contratar para seu novo empreendimento. Desde suas primeiras discussões sobre o negócio, eles sabiam que a forma simples e holística de autogestão, a qual se auto-organiza de maneira orgânica (no final do espectro da Morning Star), era o único modelo para sua nova empresa de loja de conveniência. Depois de nossas conversas iniciais sobre autogestão, eu me vi intervindo novamente, muitos meses depois, para ajudar a guiá-los no processo de contratação, mas eles tinham pouca necessidade de convencimento ou consultoria antes de começarem seu próprio trabalho de desenvolvimento organizacional, inspirado na Morning Star.

Outros líderes empresariais não têm tanta sorte. Eles lideram organizações mais convencionais e burocraticamente arraigadas e, por uma ou mais razões convincentes, perceberam que suas empresas devem passar por reorganizações estruturais, senão sofrerão graves consequências. Não importa qual modelo escolham, esses CEOs e suas equipes de liderança muitas vezes têm o caminho mais difícil para a autogestão, pois o conceito pode parecer estranho para eles, mesmo quando percebem seu valor. Esses líderes empresariais, especialmente, precisam de tempo para ler, discutir, excursionar e reunir-se com vários proponentes do modelo. Dessa forma, eles podem não apenas se familiarizar com a autogestão, mas, crucialmente, podem conduzir uma autoavaliação ponderada e multifacetada dos valores empresariais e pessoais. Só então eles serão capazes de determinar onde, no continuum da autogestão organizacional, seu negócio deverá assentar-se, de forma confortável e bem-sucedida.

CAPÍTULO 6

DETERMINANDO ONDE SUA ORGANIZAÇÃO SE ENCAIXA NO CONTINUUM DE AUTOGESTÃO

Durante muito tempo, pensamos que o mundo funcionava com base em princípios newtonianos. Achávamos que precisávamos interferir no impulso de auto-organização da vida e tentar controlar uns aos outros.

— FREDERIC LALOUX, AUTOR DE *REINVENTANDO AS ORGANIZAÇÕES*

O EX-CONSULTOR DE GESTÃO da McKinsey & Company, Frederic Laloux, citado acima, também observou: "A principal ciência do próximo século será o estudo de sistemas complexos, autocatalíticos, auto-organizáveis, não lineares e adaptativos." Em outras palavras: *autogestão.*

No capítulo anterior, vimos que agora há um número crescente de líderes empresariais que acreditam que alguma forma de autogestão é um caminho melhor (e inevitável) para uma força de trabalho feliz, inspirada, engajada e inovadora. Esses donos de negócios e CEOs podem ter optado por várias *rotas* para a autogestão, mas todos sem dúvida viram sistemas auto-organizados, não lineares e adaptativos como o núcleo para o sucesso futuro de seus negócios, bem como enxergaram a chave para um mundo melhor para todos. Ainda assim, antes que esses líderes da empresa pudessem embarcar em uma rota de mudança transformadora dentro de suas organizações, cada um (formal ou informalmente) avaliou seriamente o estado atual de suas organizações e culturas empresariais, suas próprias filosofias empresariais e pessoais, bem como suas visões para o futuro de sua organização. Sem esse processo de pré-avaliação, um esquema para qualquer forma de autogestão não poderia ser desenvolvido. Além disso, sem um processo inicial de autoavaliação, não há como determinar, com precisão, onde no continuum entre a rígida burocracia e a completa autogestão, a sua própria organização deve se inserir.

Avaliando a cultura da empresa

Quer sejam cultivadas intencionalmente ou não, todas as empresas comerciais têm uma cultura. A cultura é a encarnação de estereótipos e suposições sobre como as coisas devem ser feitas. Ela é tácita; flui abaixo do nível de consciência, mesmo quando orienta ações e comportamentos[53]. E é poderosa, como a corrente em um fluxo que guia tudo em uma direção.

Como a maioria das culturas tradicionais das empresas está enraizada em sistemas tradicionais de gestão, as pessoas dentro dessas empresas alinham suas expectativas, comportamentos e atividades em torno das expectativas convencionais. Elas são guiadas por: "O que meu chefe pensa?" e "Como vou agradar ou impressionar meu chefe e seguir adiante na organização?" Esses valores criam um tipo de cultura: uma cultura de comando e controle que a maioria de nós conhece bem, pois ela tem sido difundida por décadas.

53. SCHEIN, Edgar. *Guia de sobrevivência da cultura corporativa.* Rio de Janeiro: José Olympio, 2001.

Uma organização autogerida tem uma cultura muito diferente de uma organização tradicional. Uma cultura autogerida é impulsionada por todos os seus membros organizando-se em torno das perguntas: "Qual é a missão da empresa e como alinhar meu propósito com ela?" e "Como definir meu sentido e propósito na organização por minhas ações e comportamentos em torno do cumprimento da missão?"

A cultura daqueles que trabalham numa empresa autogerida torna-se, então, questionar-se: "Como eu forneço valor para todos ao meu redor?" Isso porque *qualquer pessoa* numa organização autogerida — não apenas um "chefe" — pode impactar a capacidade de outro indivíduo de cumprir seu próprio propósito em relação à missão da empresa. Em uma cultura autogerida, a missão geral da empresa naturalmente torna-se a estrela-guia da cultura. Todos os stakeholders sabem que devem fornecer valor a todos os outros ao seu redor na empresa, se quiserem também fornecer valor aos clientes da empresa.

A cultura daqueles que trabalham numa empresa autogerida torna-se, então, questionar-se: "Como eu forneço valor para todos ao meu redor?"

Em uma cultura de comando e controle, no entanto, vários níveis de gestão provavelmente foram incorporados ao longo dos anos. A cultura da empresa está repleta de indivíduos que se preocupam em impressionar o chefe, em chegar à frente, ou em deixar sua própria marca na organização. Os princípios da empresa podem ter sido originalmente focados na missão da empresa de criar valor para seus clientes, mas essa missão tornou-se ofuscada pela própria cultura de comando e controle. Os líderes da empresa podem se perguntar: quanto será necessário para ver novamente nossa estrela-guia e de fato ser guiado por ela?

Avaliação holística: equilibrando o bem-estar de todas as partes interessadas (stakeholders)

Para que uma avaliação organizacional seja válida e eficaz, ela deve levar em conta uma visão holística. A empresa atual abrange o bem-estar de *todas* as partes interessadas, e não apenas dos clientes? E a visão da futura organização adota um ponto de vista *holístico* em relação às partes interessadas?.

Uma parte interessada é qualquer indivíduo ou qualquer entidade afetada pela empresa. Isso significa: fornecedores, clientes, reguladores, a comunidade em geral, o meio ambiente, funcionários, vizinhos, ou seja, todos os participantes envolvidos. Em uma empresa de sucesso, cada stakeholder é igualmente importante. Não tem certeza se aceita essa noção? Veja as coisas desta maneira: em uma empresa mais convencional, o foco está mais frequentemente em um ou dois stakeholders. O lema é "O cliente é rei" ou "Os funcionários são nosso maior patrimônio". Contudo, uma atitude holística que incorpora e equilibra o bem-estar de todas as partes interessadas não se trata simplesmente de respeitar o yin e o yang do mundo natural, no qual tudo, em última análise, é complementar, interligado e interdependente. A autogestão também reconhece que o equilíbrio das partes interessadas representa uma ferramenta poderosa que pode significar uma verdadeira vantagem competitiva sobre as abordagens comerciais convencionais.

A Morning Star, por exemplo, vê o equilíbrio eficaz de todos os stakeholders como uma "aventura dinâmica", ajudando toda a organização a continuar impulsionando o lucro. Na verdade, essa aventura de equilíbrio entre as partes interessadas é tão vital para a cultura da Morning Star e o sucesso do empreendimento que é usada como uma ferramenta de jogo. No modo de jogo, os colaboradores da Morning Star observam, avaliam, analisam e até emulam ou criam cenários de comportamentos e indicadores dos stakeholders, procurando maneiras de atender prontamente às necessidades ou atender a problemas que possam surgir. Ninguém pode saber com certeza o que vai acontecer a seguir na vida ou nos negócios, mas podem enxergar o desconhecido como uma aventura digna de jogo dá um novo rumo no *negócio* dos negócios.

Para a Morning Star, o equilíbrio das necessidades das partes interessadas pode fornecer uma vantagem competitiva inigualável, ao mesmo tempo em que proporciona um valor genuíno aos stakeholders. Em essência, isso permite que a organização seja uma empresa baseada no Poder do Empowerment, impulsionando o lucro por meio de múltiplos canais. Lucro é simplesmente a diferença entre o valor que você *cria* e o valor que você *consome* ao criar produtos ou serviços para o mundo. É como os aplausos que você recebe de um teatro cheio de espectadores quando você lhes dá mais prazer do que qualquer desconforto que eles possam ter experimentado ao pagar por seus ingressos.

Todavia, para os gestores e até mesmo para a liderança sênior em empresas mais convencionais, a mudança para a abordagem holística de autogestão das partes interessadas pode provocar ansiedade, pois ela entra em conflito com a estrutura de comando e controle. Esses indivíduos ascenderam profissionalmente e adquiriram regalias e poder ao longo do caminho. Para eles, o conceito de equilíbrio das necessidades dos stakeholders pode até mesmo ser inquietante.

Não faz muito tempo, quando eu estava ministrando um curso de autogestão para alguns executivos cuja empresa estava se afastando de sua estrutura organizacional tradicional, um deles de repente se levantou e disse: "O que vai acontecer *comigo*?" Seus colegas lhe disseram para sentar-se e o tranquilizaram dizendo que ele ficaria bem. Eles acrescentaram que ele tomaria muitas das mesmas decisões, ele simplesmente não iria exigir mais a obediência dos subordinados. Em seguida, salientei que o equilíbrio de todas as necessidades das partes interessadas não só possibilita uma empresa baseada no Poder do Empowerment, mas possibilita uma carreira sem limites, pois uma empresa que se eleva cada vez mais alto, eleva sua força de trabalho junto com ela. Também expliquei que a autogestão na verdade *liberta* os gestores e líderes porque, em vez de ficarem constantemente encarregados de resolver os problemas de outras pessoas, eles podem finalmente desafiar os colaboradores a primeiro resolverem esses problemas eles mesmos. Os líderes autogerenciados não precisam ser especialistas em todas as situações e muitos se sentem livres (finalmente!) para se concentrarem novamente nos conjuntos de habilidades que mais valorizam, em vez de se concentrarem na gestão de pessoas —algo para o qual talvez não tenham se candidatado inicialmente.

A verdade é que todos têm interesses próprios. O desafio está em incorporar o interesse próprio na criação de valor para o mundo em geral. Uma vez que você cria valor para o mundo, ele retorna para te beneficiar. O interesse próprio é realmente *atendido* ao criar valor para os outros. Essa é a dinâmica da liberdade.

O desafio está em incorporar o interesse próprio na criação de valor para o mundo em geral. Uma vez que você cria valor para o mundo, ele retorna para te beneficiar.

Mas, e quanto à perda do poder corporativo? Os cientistas agora sabem que o cérebro humano é fisiologicamente afetado pelo poder. O poder, na verdade, pode ser tão viciante fisicamente quanto uma droga, isto é, tão difícil quanto de se abandonar. Mas substituir os modos convencionais de promoção do poder corporativo pelo poder ilimitado, focado em impulsionar o avanço, pode facilitar muito a transição para um novo modelo organizacional que equilibra as necessidades de todas as partes interessadas. Trata-se de um paradoxo: a limitação do poder individual sobre os outros desencadeia o poder coletivo de uma organização, o que permite o alcance da grandeza.

Avaliando os valores pessoais e de negócios

Quando um líder empresarial decide refletir sobre sua própria visão pessoal e como essas filosofias particulares se cruzam com os valores empresariais, coisas interessantes acontecem. Bem cedo no processo, a maioria dos líderes reconhece que o cuidado com outros seres humanos entra em jogo, não importa o quão competitivos ou financeiramente orientados os objetivos de seus negócios sejam. Isso porque, como apontamos anteriormente no Capítulo 2 (Burocracia: 15 desafios inevitáveis), todas as empresas estão essencialmente voltadas para atender qualquer uma das oito necessidades humanas básicas, detalhadas aqui um pouco mais cientificamente de acordo com a Hierarquia de Necessidades de Maslow[54]:

1. **Fisiológicas** (alimentação, calor, abrigo, sexo, água).
2. **Segurança** (todas as coisas relacionadas a um mundo ordenado onde a injustiça está sob controle).
3. **Amor e relacionamento** (amizade, intimidade, uma família solidária).
4. **Autoestima** (engajamento, reconhecimento, contribuição, aceitação).
5. **Necessidades cognitivas** (aprender, explorar, entender o mundo ao nosso redor).
6. **Estética** (beleza, natureza, arte).
7. **Autorrealização** (aproveitar ao máximo nossas habilidades, esforçando-nos para sermos o melhor que podemos ser).
8. **Autotranscedência** (espiritualidade e integridade).

---

54. Abraham "*A Theory of Human Motivation*", Psychological Review 50 (1943): 370-396.

Mesmo que você nunca tenha visto dessa maneira, seu negócio é voltado a atender uma ou mais necessidades humanas de forma satisfatória para as pessoas, de modo que elas estejam dispostas a pagar por seu produto ou serviço e assim permitir que você obtenha lucro. Empiricamente falando, você não será capaz disso se não se importar com as pessoas (Você pode certamente tentar, mas, em algum momento, seu esforço sofrerá à medida que os clientes forem para outro lugar). O trabalho realmente é "o amor tornado visível".

Tudo isso significa que, como líder de uma organização, suas opiniões pessoais se cruzam de fato com seus objetivos de negócio e, mais importante, elas devem se cruzar. A autoavaliação, portanto, é sua oportunidade de examinar seus valores e filosofias pessoais e alinhá-los com os do negócio. Por exemplo, você acredita que as pessoas são mais produtivas quando têm liberdade para falar? Inovar? Impulsionar a mudança? Você acredita que as pessoas trabalham melhor quando se organizam e colaboram organicamente, como fazem em sua vida cotidiana? Você acredita que as pessoas que são *felizes* no trabalho tendem a trabalhar de forma mais produtiva? Você acredita que os seres humanos têm livre-arbítrio?

SEMCO: RADICAL COM CONSCIÊNCIA

No Brasil, Ricardo Semler, CEO da Semco, acredita que aqueles que trabalham para a empresa são tão capazes de determinar um salário justo para seu trabalho quanto as pessoas de Recursos Humanos, afinal, eles têm acesso a todos os dados do setor e da empresa. Ele também acredita que os funcionários da Semco são perfeitamente capazes de determinar, diariamente, quantas horas eles precisam para concluir seu trabalho. Às vezes, isso equivale ao que constituiria horas extras em outra empresa. Às vezes, isso significa que, por produzir com tanta eficiência, sua recompensa é o tempo fora do ambiente de trabalho durante o que seria o horário normal de trabalho em outro lugar. Semler sempre acreditou que seus trabalhadores estão mais bem preparados para determinar o que é necessário para desempenhar suas funções laborais, e que eles são mais felizes e produtivos no que a imprensa chama de ambiente empresarial "radicalmente" autogerenciado. Tal sistema foi aplicado visando à reorganização do que originalmente era uma empresa familiar burocrática. Assim, o sistema de valores pessoais de Semler tem funcionado bem em conjunto com os objetivos da empresa; o crescimento tem sido exponencial, além das contribuições para a região, tais como a criação de escolas muito necessárias, têm recebido elogios.

FRESH FILL: MUNDO MELHOR, MELHORES NEGÓCIOS

Para o novíssimo negócio Fresh Fill[55] (fundado em janeiro de 2018, em Los Banos, Califórnia), os sócios Brian Rocha e Brett Windecker sabiam desde o início que iriam imbuir sua rede de lojas de conveniência com seus padrões pessoais de "tornar o mundo um lugar melhor" de todas as maneiras que pudessem. Não haveria corredores lotados de carne seca, donuts, batatas fritas e refrigerantes carregados de açúcar; não haveria Twinkies, café medíocre e banheiros sujos. Sim, os clientes da Fresh Fill são os mesmos clientes cansados das estradas que há décadas fazem compras nas típicas lojas de conveniência americanas. Hoje, no entanto, eles encontram um belo oásis movido a energia solar, com estações de carregamento de carros elétricos e banheiros limpos e brilhantes. No interior das lojas, corredores brilhantes de tão limpos e abertos oferecem lanches saudáveis de frutas e vegetais; alimentos frescos e quentes feitos com ingredientes naturais; um bar de sucos naturais; uma máquina de café premium de alta qualidade, com nitroinfusão; até mesmo um local de cerveja artesanal. Pode-se fazer

55. Disponível em: www.freshfillstores.com.

pedidos em quiosques, uma janela de drive-through para pedidos por aplicativos e muito mais. Tudo é mantido escrupulosamente limpo e bem estocado por trabalhadores diligentes que se gerenciam.

Como a Fresh Fill faz isso? O segredo é que a empresa atrai os melhores trabalhadores porque paga sua força de trabalho mais do que sua concorrência. A Fresh Fill pode se dar ao luxo de pagar mais porque não há uma gestão designada e, portanto, nenhuma das caras "tarifas de gestão" que acompanham os níveis de gestão, RH e todo o resto. Na Fresh Fill, *cada* trabalhador é um gestor. No continuum de autogestão, a Fresh Fill está no extremo à direita, ao lado de seu vizinho de Los Banos, a Morning Star.

O desenvolvimento de missões pessoais para a equipe é uma prioridade na Fresh Fill, assim como a retribuição à comunidade de Los Banos, em todos os sentidos possíveis. (A grande inauguração da loja foi projetada para reverter os lucros para a comunidade). Rocha, fundador da Fresh Fill, é um jovem progressista que estava determinado a trazer todo o conhecimento adquirido em suas viagens e no trabalho voluntário do terceiro mundo para os EUA. A experiência empreendedora com visão de futuro de Rocha no ramo de restaurantes e sua experiência em dinâmica organizacional alinham-se perfeitamente com seu sistema de valores pessoais.

É claro que tornar o mundo um lugar melhor orientou cada decisão que os sócios da Fresh Fill tomaram durante seu processo de autoavaliação. (Você pode observar o sistema de valor pessoal claramente transmitido por Brian Rocha no site www.BrianRocha.com). Os dois ponderaram longa e duramente, por exemplo, sobre as pessoas que a Fresh Fill contrataria: o nível de educação ficou em segundo plano em relação a qualidades como paixão, visão, "perspicácia" e vontade de trabalhar duro, comunicar-se bem e tornar o mundo um lugar melhor para todos. Esse tipo de comprometimento pessoal está agora trazendo um valor excepcional para os clientes da Fresh Fill, que se traduz em um verdadeiro propósito e responsabilidade para a sua força de trabalho, um maior benefício e uma oportunidade para a comunidade, e nenhum pequeno subproduto, mais que isso, uma vantagem competitiva excepcional para a empresa.

AUTOGESTÃO COM UMA MUDANÇA DE GUARDA

Um produtor de mercadorias formidável no Sul (um cliente) ficou preso à hierarquia convencional por vários anos, mas agora as coisas estão maduras para mudanças. Com a recente contratação de um novo CEO visionário, essa grande empresa procurará passar da burocracia à autogestão. Como aconteceu a decisão de uma mudança tão radical? Nesse caso, o esforço de formação de consenso foi duplo: simultaneamente de dentro para fora e de fora para dentro. O futuro CEO sabia que a empresa precisava de mudanças organizacionais para avançar no século XXI, e ele estava chegando para liderar uma equipe à sua altura. Os planos para uma implementação-piloto de autogestão já estavam em andamento quando o novo diretor da empresa entrou em seu escritório pela primeira vez.

Na verdade, há muitas etapas que as empresas frequentemente seguem em seus primeiros processos de avaliação, quando estão considerando uma mudança para a autogestão. Algumas são tão intangíveis quanto as conversas unidirecionais que os CEOs têm "em suas cabeças" enquanto eles refletem sobre as possibilidades. Outras são tão tangíveis quanto um cronograma de reuniões de equipes de liderança com o propósito de diálogo aberto, ou mesmo pesquisas eletrônicas anônimas de funcionários escolhidos aleatoriamente em toda a empresa. Às vezes, basta simplesmente rever uma lista dos exercícios ou questões que serão empreendidos inicialmente nos primeiros estágios de uma mudança organizacional para autogestão, para lançar uma séria autoavaliação. As perguntas que frequentemente surgem são:

- **Seremos capazes de desconstruir o que cada um de nós faz** e reconstruir nossos propósitos dentro de nossa nova organização?
- **Seremos capazes de — individualmente e em grupo — criar nossas próprias declarações de propósito** que se alinhem com a missão de nossa empresa?
- **Seremos capazes de identificar quais partes da "gestão"** que cada um de nós será pessoalmente responsável?
- **Qual será o escopo** da autoridade decisória de cada pessoa?
- **Como vamos medir o desempenho** em nosso novo empreendimento autogerido?

São questões como essas que às vezes expõem os elos fracos que devem ser levados a sério. Uma equipe de liderança que aconselhei estava determinada a migrar para a autogestão até que seus membros chegassem à fase de direitos de decisão de suas discussões. As conversas sobre a resignação do poder de gestão convencional efetivamente impossibilitaram qualquer avanço que eles haviam feito anteriormente. Eles foram forçados a desistir de suas mudanças organizacionais, pois ninguém estava disposto a distribuir autoridade para a tomada de decisões.

Cada CEO e equipe de liderança da empresa aborda o processo de avaliação de uma forma que faz mais sentido para eles. A equipe de liderança dedicada para o produtor de commodities do Sul, que mencionei anteriormente, por exemplo, optou pelos seguintes primeiros passos para seu próprio processo de avaliação:

1. Visitas a empresas autogeridas.
2. Diálogo intenso com especialistas no assunto.
3. Avaliação da liderança interna dos riscos e benefícios.

4. Determinação do local e do tempo para experimentos de autogestão e um projeto-piloto.

A equipe lhe dizia que o trabalho que concluíram, mesmo antes de seu novo líder chegar à sede, foi crucial. Todas as peças iniciais e essenciais estavam no lugar: um CEO que conduzia ativamente a mudança positiva (embora dos bastidores), uma equipe de liderança totalmente integrada à iniciativa de mudança organizacional, e um objetivo aprofundado para estabelecer as bases para o planejamento.

Por outro lado, a situação foi bem diferente para outro cliente, um distribuidor de equipamentos industriais sediado no Noroeste Pacífico. O CEO daquela empresa se vê em uma esteira assistindo às más decisões sendo tomadas pelos gestores, apesar do controle elaborado e das estruturas de autoridade rígidas. A avaliação inicial da situação envolveu muito exame de consciência. Sua primeira pergunta pessoal de autoavaliação: será que ele queria mesmo continuar a trabalhar no negócio? De qualquer forma, ele percebeu que precisaria encontrar uma maneira de corrigir a organização, então por que não criar um verdadeiro ambiente de trabalho do século XXI?

Nesse caso, oferecemos uma masterclass experimental que deu à equipe de liderança um verdadeiro sentido de como seria agir como autogestor. Tal esclarecimento não pode ocorrer tão cedo; ele pode informar muitas decisões a serem tomadas, especialmente no que diz respeito ao grau exato de autogestão que uma empresa está disposta a adotar.

A imersão na masterclass na teoria e na prática da autogestão também pode lançar as bases para os princípios-chave de autogestão, filosofias e infraestrutura de uma organização. Os exercícios muitas vezes incluem a formação de empresas virtuais e depois o acompanhamento de pessoas por meio do processo de negociação de acordos que registram compromissos contínuos ou recorrentes com os pares, mais o escopo preciso da autoridade decisória de cada indivíduo. Esses exercícios, muitas vezes, eliminam questões ou preocupações filosóficas e práticas que podem não ter surgido anteriormente. Tais questões podem ser tratadas em tempo real e podem ter impacto no processo de autoavaliação.

Durante a recente masterclass, por exemplo, um membro da equipe de liderança expressou preocupação com a segurança da fábrica na ausência de um chefe de boa-fé que cuidasse das coisas. Os funcionários não se sentiriam tentados a tomar atalhos que poderiam resultar em danos para si mesmos ou para os outros? A pergunta me deu a oportunidade de ressaltar que com olhos responsáveis em todos os lugares, não há risco inerente de segurança na autogestão organizacional. As pessoas continuarão a ser tão seguras quanto escolherem ser (aí está o livre-arbítrio de novo). No entanto, pense sobre isso: quem tem mais probabilidade de detectar um problema de segurança no ambiente de trabalho? Um gestor formal que perambula por uma área de trabalho várias vezes ao dia, ou colegas que trabalham lado a lado com seus pares o dia todo, e que têm a obrigação afirmativa de falar sobre qualquer problema que entre em seu escopo de conscientização?

Para o CEO em conflito da empresa no Noroeste (e aos membros de sua equipe de liderança um tanto quanto cautelosos), a masterclass incluída no processo de avaliação forneceu o gosto da realidade de autogestão de que eles precisavam, a fim de decidir o que seria melhor para sua organização. Isso lhes permitiu dizer: "Certo, agora sabemos que a autogestão funcionará para nós enquanto pudermos defini-la de acordo com a nossa própria cultura. Não temos que adotar um modelo em particular. Podemos nos posicionar em três quartos ou sete oitavos do continuum, manter apenas uma pequena quantidade de autoridade de comando para certas circunstâncias, e fazer nossa própria autogestão."

Nem todos os líderes da empresa migram de forma profunda para a autogestão com os tipos de filosofias progressistas incorporadas pelos sócios da Fresh Fill, Rocha e Windecker. Além disso, algumas empresas optam por realizar experimentos de autogestão somente em determinadas unidades de negócios, ou em programas-piloto. Outras optam por iniciativas em toda a empresa, mas sob a forma de implementações progressistas. Estas não são medidas de meio-termo, visto que são abordagens sensatas para a maioria dos líderes da empresa. Dito isto, por meio de um minucioso processo de autoavaliação, *todos* os líderes da empresa podem examinar tanto os valores empresariais quanto as crenças pessoais que podem trazer à mesa de autogestão, a fim de determinar onde, no continuum, pelo menos inicialmente, a empresa lançará uma iniciativa.

Os direitos de decisão desempenharão um grande papel nessa resolução, tais direitos se traduzem na negociação do direito de tomar uma determinada decisão, e as organizações lidam com milhares delas. Quem toma as decisões, e por quê? Quais decisões requerem consulta, e quais podem ser tomadas unilateralmente? A pessoa mais bem preparada para tomar uma determinada decisão geralmente possui o direito de tomar essa decisão (e deveria). Sem boas razões, os gestores não devem manter direitos de decisão que poderiam ser facilmente transferidos ou negociados para um indivíduo mais próximo da ação. Isso significa "abrir mão do poder", considerado um fator crucial de sucesso na autogestão organizacional.

Quando os gestores retêm desnecessariamente os direitos de decisão, é dispendioso, por isso, o exercício de "tarifa de gestão" (ver quadro, Capítulo 2), que pode realmente ajudar os líderes a determinar a localização da empresa no continuum da estrutura organizacional. Etapas verticais desnecessárias de permissão para a tomada de decisões constituem um enorme custo indireto de gestão e uma enorme tarifa sobre o desempenho. É possível limitar o escopo de um direito de decisão com base em quem toma a decisão ou quando, onde, por que e como essa decisão específica é tomada (por exemplo, com base na tradição, no risco ou em outros fatores), mudando, assim, sutilmente a posição de uma organização no continuum de autogestão. Em um ambiente radicalmente autogerido de agência e autonomia, entretanto, os colegas negociam livremente a alocação de responsabilidades empresariais, *incluindo* direitos de decisão.

Uma das principais responsabilidades de um líder, segundo o filósofo Peter Koestenbaum, é gerir as polaridades. Uma polaridade-chave a ser gerida é o equilíbrio entre as mudanças maciças e progressivas. Há risco de migrar muito rápido e há perigos nos acréscimos. É de suma importância evitar a criação do caos. Não é exatamente inteligente apenas jogar tudo para o alto e substituir um sistema existente por um radicalmente diferente. Mas, caso queira progredir, é importante realizar experimentos e projetos-piloto que sejam mais visíveis do que pequenos passos incrementados. Por um lado, há o risco de caos. Por outro lado, há o risco de não ser levado a sério. Há risco tanto em migrar de forma muito lenta como em migrar muito rápido. Sabedoria, experiência e consultoria são os amigos do líder nesses assuntos.

Avaliando o que o ambiente de trabalho do futuro vai exigir

Antes de se autoavaliar para a mudança organizacional, pense cuidadosamente sobre quais competências o ambiente de trabalho do futuro exigirá de seus líderes e de sua força laboral autogerida. Afinal, à medida que as empresas achatam suas hierarquias e a taxonomia do "trabalho do futuro" se expande, parece claro que a eficácia organizacional dependerá necessariamente, como sempre, das escolhas dos indivíduos. A eficácia individual acabará ditando os resultados organizacionais não importa se o sistema de governança de escolha seja a holacracia, teleocracia, sociocracia, democracia no ambiente de trabalho, ROWE, gestão ágil, gestão horizontal, autogestão, gestão wiki, gestão radical, gestão em treliça, ou qualquer outra abordagem.

16 COMPETÊNCIAS NÃO TÃO ÓBVIAS (MAS ESSENCIAIS) PARA O AMBIENTE DE TRABALHO DO FUTURO

1. Iniciativa.
2. Tolerância à ambiguidade.
3. Consciência.
4. Mindset de contribuição.
5. Baixa tolerância à distância do poder.
6. Liderança natural.
7. Conectividade.
8. Habilidades não cognitivas.
9. Criação de redes.
10. Aprendizado contínuo.
11. Fortalecer o poder das conexões fracas.
12. Lócus de controle interno.
13. Gestão da polaridade.
14. Humildade.
15. Curiosidade.
16. Autodomínio emocional.

O ambiente de trabalho do futuro exigirá muitas competências individuais (comunicação eficaz, por exemplo), mas existem outras competências cruciais, e muitas vezes não tão visíveis, que terão impacto sobre a capacidade de prosseguir e ter um bom desempenho em um ambiente altamente autônomo. Antes de avaliar seu próprio ambiente de trabalho, considere estes 16 itens:

1. **Iniciativa.** É virtualmente impossível fornecer feedback construtivo aos colegas, ou efetuar mudanças positivas no processo ou estratégia, sem uma vontade de tomar a iniciativa. A tomada de iniciativa inclui a capacidade de se manifestar quando necessário. Os líderes autogeridos têm uma obrigação afirmativa de se manifestar quando preciso, como, ao observar situações incongruentes com a missão, visão e valores da empresa. Ser um bom ouvinte não é suficiente; a necessidade de iniciativa também se aplica à tomada de ação. Alexander Hamilton escreveu sobre a necessidade de "energia no executivo" como um requisito para uma boa governança. Essa mesma lógica se aplica a indivíduos altamente autônomos em organizações.

2. **Tolerância à ambiguidade.** Em uma organização burocrática, há uma certa segurança em ter pessoas que lhe dizem o que fazer, mesmo que isso reprima a iniciativa e, às vezes, a alma. Para alguns, pode haver um certo nível de conforto em ter a ambiguidade mantida a um mínimo. Na autogestão, porém, há ambiguidade em cada esquina, porque ninguém está dirigindo mais ninguém. Cada trabalhador tem um portfólio de administrações, por assim dizer, e embora haja diretrizes claras sobre como executar *processos*, a liberdade e a autonomia para melhorá-los abundam. Isso pode ser estimulante, mas também pode criar ambiguidade. Ter que "sentir o seu caminho" em situações que não são explicitamente claras — a chamada *estigmergia*[56] — é a ordem de cada dia. Os indivíduos devem sentir e responder a estímulos no ambiente de trabalho. Assim, os trabalhadores em uma empresa autogerida não só precisam tolerar a ambiguidade, mas aqueles mais ajustados também *incorporam* a

56. É uma forma de auto-organização que se dá por meio de um mecanismo de coordenação indireta entre agentes ou ações.

ambiguidade e a enxergam como um desafio. A autonomia organizacional pode ser confusa à medida que os pares conhecem novas pessoas e aprendem novas formas de trabalho. Negociar acordos entre pares que comuniquem claramente o propósito, os valores e as atividades de cada um levam tempo e esforço. Os indivíduos devem fazer escolhas sábias ao buscar compromissos de outros e ao determinar o momento e o escopo dos pedidos (os respondentes podem não dar uma segunda chance aos pedidos mal concebidos). Da mesma forma, os indivíduos devem ser cuidadosos ao concordar com os pedidos de compromissos. Os autogestores autônomos precisam manter o direito de recusar um pedido sem medo de pressões. *Deve estar tudo bem ao dizer não!* A verdade é que a autonomia nunca é tão fácil como fazer uma queixa ao chefe e terceirizar a solução.

3. **Consciência.** É preciso um esforço real para invocar a energia necessária para buscar o próprio objetivo no trabalho de forma consistente, todos os dias. Esse tipo de energia é semelhante ao dinamismo que os empresários utilizam para criar negócios inteiramente novos a partir de ideias efêmeras. É a atenção consciente que dá origem à consciência e à presença. Além disso, é ela que é a fonte de confiança na capacidade de fazer com que as coisas sejam feitas, mesmo diante da adversidade. Isso significa resiliência e capacidade de concentração, de estar presente no momento e de executar com clareza e eficácia. No seu melhor, a atenção consciente é o que artistas e líderes de todos os tipos descrevem como estar "na zona", ou seja, um estado quase perfeito de consciência focada.

4. **Mindset de contribuição.** Generosidade de espírito e desejo de contribuir são as características de personalidade mais adequadas a uma empresa autogerida. Consideradas em conjunto, elas são frequentemente referidas como um

"mindset de contribuição". Os indivíduos com esse mindset estão cientes das necessidades e buscam oportunidades. Eles querem genuinamente tornar o mundo um lugar melhor. Pessoas com tais qualidades querem contribuir com valor para seus colegas, oferecendo "Eu posso te ajudar com isso" ou "Eu posso te oferecer alguns recursos". Peter Drucker falou sobre um mindset de contribuição em seu magnífico livro, *O gestor eficaz*[57]. Meio século depois, esse mindset se aplica a todos que querem se tornar um autogestor eficaz dentro de uma empresa altamente autônoma. A W.L. Gore e a Morning Star, por exemplo, esperam que os indivíduos compartilhem informações relevantes com os colegas por uma questão de princípio, mesmo quando as informações não tenham sido solicitadas.

5. **Baixa tolerância à distância do poder.** "Distância do poder" refere-se ao ato de se submeter a indivíduos que presumem ter mais poder do que você. Em um ambiente autogerido, existe uma hierarquia não oficial de credibilidade que brota da experiência, confiança, comunicação e outros fatores. Isso não é a mesma coisa que uma hierarquia de poder baseada na autoridade de comando. Autogestores eficazes encontrarão maneiras de se expressar a qualquer pessoa na organização e ouvirão todos que desejem falar com eles. Evitar a comunicação com um colega com base em um suposto status significa extinguir a força vital de uma organização: o fluxo de informações.

6. **Liderança natural.** Em um ambiente altamente autônomo, as relações, assim como muitas atividades, são genuinamente voluntárias. E em empresas genuinamente autogeridas, ninguém tem autoridade para comandar as atividades de outros. A liderança é exercida através da comunicação,

57. DRUCKER, Peter. *O gestor eficaz*. São Paulo: GEN, 2014.

respeito, influência, persuasão e confiança. A liderança natural é conquistada com o tempo e não é baseada em posição ou título. Então, qual é a evidência de uma liderança verdadeira e natural? A presença de seguidores.

7. **Conectividade.** A comunicação efetiva será sempre ativa e próxima. Os líderes e seguidores autônomos receberão e responderão aos pedidos de comunicação sempre que possível (é apropriado negociar limites em torno da disponibilidade). A presença de uma comunicação sempre ativa e sempre próxima é um forte indicador de uma robusta rede auto-organizada em ação. Ken Thompson, autor de *Bioteams*, descreve essa competência como a condução de um pensamento de propriedade coletiva com um eficaz "sistema de alerta precoce" 24 horas por dia, 7 dias por semana, para as equipes[58].

8. **Habilidades não cognitivas.** Os líderes organizacionais do futuro podem aprender lições importantes com as crianças. No livro de Paul Tough, *How Children Succeed: Grit, Curiosity and the Hidden Power of Character*[59], o autor descreve de forma convincente o poder absoluto das habilidades não cognitivas. Ele se refere à evidência da importância das habilidades não cognitivas, por meio da descrição do que mais importa no desenvolvimento de uma criança, tais como características relacionadas com o caráter, que incluem a garra e a curiosidade. Como sempre haverá dias livres, a resiliência é importante. Em seu livro, *Garra: o poder da paixão e da perseverança*[60], a psicóloga

58. THOMPSON, Ken. *Bioteams*. Tampa: Meghan Kiffer Press, 2008.

59. TOUGH, Paul. *How Children Succeed: Grit, Curiosity and the Hidden Power of Character*. Boston: Houghton Mifflin Harcourt, 2012.

60. DUCKWORTH, Angela. *Garra: o poder da paixão e da perseverança*. Rio de Janeiro: Intrínseca, 2016.

Angela Duckworth identificou a garra como a característica mais importante do sucesso, mais importante, até mesmo, do que a inteligência. A garra é essencial em uma empresa autogerida, pois ela se une com a curiosidade e permite encontrar uma maneira melhor de fazer as coisas.

A garra é essencial em uma empresa autogerida, pois ela se une com a curiosidade e permite encontrar uma melhor maneira de fazer as coisas.

9. **Criação de redes.** Segundo Ken Everett, autor de *Designing the Networked Organization*[61], a organização do futuro será naturalmente uma rede dentro de um conjunto de redes. Cada líder autônomo criará e se envolverá com uma rede imersiva primária, conectada a uma rede maior dentro das redes. Recursos e informações fluirão livremente, de acordo com a demanda. Os líderes autônomos irão operar com agilidade e fluidez em toda a rede porque, explicando de forma simples, eles não terão outra maneira de fazer as coisas. Em sua essência, uma organização autogerida é uma rede gigantesca. As pessoas em toda a empresa devem nutrir as relações que alimentam a rede, para que possam manter o sistema inteiro aquecido e vivo. Elas contam com a rede para fazer as coisas, e assim compreendem a importância de ajudar a nutrir o que as alimenta — um círculo virtuoso sem fim.

10. **Aprendizado contínuo.** Com seu livro, *A quinta disciplina*, Peter Senge foi pioneiro na noção de líderes altamente autônomos fomentando as práticas de organizações de aprendizagem para benefício estratégico[62]. No ambiente de trabalho do século

---

61. EVERETT, Ken. *Designing the Networked Organization*. Nova York: Business Expert, Press, 2011.

62. SENGE, Peter. *A quinta disciplina*. Rio de Janeiro: Best Seller, 2013.

XXI, todos deveriam ser livres para desenvolver competências essenciais em estratégia, educação financeira, gerenciamento de processos, liderança, trabalho em equipe, comunicação, contratação, negociação, ou qualquer outra disciplina de gestão.

11. **Fortalecer o poder das conexões fracas.** Na empresa do futuro, nem todos terão a sorte de trabalhar em um ambiente de trabalho limitado a 150 colaboradores, no limite do número de Dunbar[63]. Mesmo nesses ambientes de trabalho, nem todos serão amigos. Muitos relacionamentos, de fato, podem ser transitórios. Mas os líderes do futuro precisarão conhecer as pessoas com as quais trabalham o suficiente para transmitir mensagens claras, bem compreendidas e de baixo consumo de energia que mantenham as iniciativas no caminho certo sem recorrer a pressões ou coerção indevidas.

12. **Lócus de controle interno.** Os psicólogos frequentemente se referem ao lócus de controle interno ou externo de um indivíduo. Uma pessoa com um lócus de controle interno assume responsabilidade pessoal por suas próprias circunstâncias. Um indivíduo com um lócus de controle externo acredita que sua vida é comandada por forças externas, e, por essa razão, culpa o destino (ou outras pessoas) por pequenas e grandes falhas. A preponderância de um comportamento de culpa é um sério obstáculo ao desempenho, haja vista que autogestores efetivos terão um lócus de controle interno, isso significa dizer que eles se autoexaminarão e buscarão melhorar. Em suma: eles se responsabilizarão pelo próprio desenvolvimento.

13. **Gestão da polaridade.** Os autogestores individuais precisam ser capazes de detectar, bem como gerir tensões e dilemas no ambiente de trabalho, dentre os quais: detalhe vs. quadro geral, tática vs. estratégia, inovação vs. execução, subjetivo vs. objetivo,

63. Nos anos 1990, o antropólogo britânico, Robin Dunbar, afirmou que os seres humanos podem manter confortavelmente apenas 150 relações estáveis de cada vez.

liberdade vs. responsabilidade, pensamento vs. sentimento e muitos outros. Equilibrar eficazmente as polaridades com destreza é essencial para o sucesso a longo prazo.

14. **Humildade.** Grandes egos impedem uma autogestão eficaz (lembre-se do efeito que o poder tem sobre o cérebro). Um autorrespeito saudável é essencial para uma interação confiante, e pessoas com essas qualidades, também podem ser humildes. A humildade tem tudo a ver com a capacidade de lidar com o próprio ego em prol de um bem maior. Ela está diretamente relacionada a ter uma orientação no todo em vez de um foco no "Eu". As organizações autogeridas florescem quando as pessoas exercem autocontrole e os egos não se descontrolam. A humildade suaviza o caminho.

15. **Curiosidade.** Este é um elemento essencial de melhoria contínua. Todo ambiente de trabalho precisa de seus céticos, isto é, as pessoas que estão sempre perguntando "Por quê?".

16. **Autodomínio emocional.** Milton Pedraza, CEO do Luxury Institute, em Nova York, diz que esta competência, que consiste em profunda empatia, confiabilidade e generosidade, permitirá que as pessoas prosperem nos ambientes de trabalho do século XXI[64].

Se este inventário de requisitos estiver próximo de estar em dia, então o trabalho de futuros líderes visionários em um mundo hiperconectado será incorporar os fundamentos da autogestão eficaz e autônoma em cada processo de pessoas: recrutamento, seleção, contratação, orientação, integração, design de currículo, coaching,

64. Milton Pedraza, "*The Future of Work Manifesto: Self-Management and Emotional Self-Mastery are the Most Powerful Skills for Business Success in the Next Decade*", LinkedIn, 14 jun. 2018. Disponível em: www.linkedin.com/pulse/future-work-manifesto-self-management-emotional-most-powerful-milton.

gestão de desempenho, planejamento de sucessão, transição de carreira, gestão de conflitos, desenvolvimento de liderança, remuneração e todo o resto. Há muito trabalho pela frente, mas tudo começa com uma autoavaliação clara do ambiente de trabalho atual.

O Teste de autoavaliação

QUÃO ABERTA SUA CULTURA ESTÁ PARA EXPERIMENTAR A AUTOGESTÃO?

Escala de classificação:

1. Discordo totalmente.
2. Discordo em grande parte.
3. Discordo um pouco.
4. Concordo um pouco.
5. Concordo em grande parte.
6. Concordo totalmente.

Avalie cada uma das seguintes declarações de acordo com a escala acima, com um como "Discordo totalmente" e seis como "Concordo totalmente". Seja tão sincero consigo mesmo quanto possível. Para garantir resultados imparciais, você também pode considerar pedir aos membros de sua equipe de liderança ou uma amostra aleatória de líderes de grupo que façam a avaliação de forma anônima. Conte sua pontuação (ou tire a média de todos os membros do grupo para cada pergunta) depois que todas as respostas estiverem completas. Para interpretar os resultados, veja a última página deste capítulo.

1 - Iniciativa

1. Esta organização recompensa aqueles que tomam a iniciativa.
2. As pessoas se sentem livres para inovar e melhorar aqui.
3. As pessoas que tomam a iniciativa não se sentem como se estivessem "assumindo um risco".
4. Este ambiente encoraja as pessoas a melhorar os processos e sistemas.
5. O fracasso é aceitável, desde que as pessoas aprendam com seus erros.

2 - Esforço/perseverança

1. A capacidade de continuar, apesar das adversidades, é honrada aqui.
2. As pessoas aqui não desistem facilmente.
3. As pessoas se sentem bem aqui quando veem um projeto ou ideia chegarem a uma conclusão.
4. Um esforço consistente é mais valioso aqui do que longas horas de trabalho.
5. Fazer progressos, apesar dos obstáculos, é um dos fatores de sucesso desta organização.

3 - Eficácia

1. Aqui, as pessoas buscam suas respectivas missões, seja trabalhando sozinhas ou com outras pessoas.
2. As pessoas, aqui, consolidam, de maneira efetiva, o tempo livre para aumentar a produtividade.
3. As pessoas fazem o melhor uso de seu tempo, concentrando-se no que fazem bem.

4. As pessoas, aqui, escolhem bem suas prioridades, alinhando-as com a missão organizacional.
5. As pessoas, aqui, são geralmente entusiasmadas.

4 - Aprendizagem Contínua

1. As pessoas se preocupam com o futuro da organização.
2. As pessoas gostam de renovar e atualizar seus conhecimentos, suas competências e habilidades.
3. As pessoas buscam e compartilham informações proativamente.
4. As pessoas gostam de ensinar e orientar seus colegas.
5. As pessoas estão atualizadas em sua(s) área(s) de especialização.

5 - Criatividade/inovação

1. A maior parte do trabalho permite que as pessoas sejam criativas.
2. As pessoas se sentem encorajadas a encontrar maneiras de fazer as coisas.
3. As pessoas não são pressionadas a fazer as coisas "do jeito que elas sempre foram feitas".
4. Esta organização fornece recursos para buscar inovações de forma apropriada.
5. Espera-se que as pessoas testem novas abordagens.

6 - Colaboração

1. As pessoas conferem umas com as outras antes de empreender ações que afetam os outros.

2. As comunicações sobre questões de trabalho fluem de forma fácil e natural entre as pessoas.
3. As pessoas são cooperativas e úteis umas com as outras.
4. As informações são compartilhadas rotineiramente entre colegas, sejam elas solicitadas ou não.
5. As pessoas raramente são surpreendidas por novas estratégias comerciais, pessoas ou processos.

7 - Prestação de contas

1. As pessoas se responsabilizam mutuamente pelos padrões da organização.
2. É raro que as pessoas se safem ao violar as expectativas de seus colegas.
3. As pessoas não se tornam defensivas ou fazem retaliações quando são responsabilizadas.
4. Expectativas e padrões são razoavelmente claros e definidos.
5. Espera-se que cada pessoa esteja disposta a responsabilizar seus colegas.

8 - Auto-organização

1. A liderança, muitas vezes, é direcionada para quem possui a maior expertise em um assunto.
2. As pessoas frequentemente se organizam em grupos temporários para resolver problemas, melhorar processos ou buscar estratégias.
3. Os grupos de trabalho aqui muitas vezes não têm líderes identificáveis.
4. Os grupos de trabalho geralmente parecem se formar de modo espontâneo em resposta a uma necessidade.

5. Os grupos de trabalho se formam e se dissipam de forma fluida e dinâmica, conforme a necessidade.

9 - Adaptabilidade

1. As pessoas se adaptam facilmente às mudanças de direção.
2. As pessoas não se dedicam a processos, formas de relacionamento ou estratégias que sejam antiquadas.
3. As pessoas, em geral, não são teimosas e inflexíveis.
4. As pessoas apreciam desafios complexos.
5. As pessoas respondem adequadamente a novas informações pertinentes.

10 - Liberdade

1. As pessoas são livres para negociar mudanças em seus termos e condições de trabalho.
2. As pessoas são livres para adquirir os recursos necessários para realizar seu trabalho.
3. O escopo da autoridade de decisão individual é razoável e apropriado para cada indivíduo.
4. As pessoas sentem que têm controle sobre seu próprio trabalho.
5. As pessoas sentem que têm alguma contribuição ao escolher com quem vão trabalhar.

11 - Influência

1. As relações são caracterizadas por pessoas que procuram entender o ponto de vista do outro.
2. A maioria das pessoas são capazes de expressar claramente seus pontos de vista.

3. As pessoas costumam reservar um tempo para explicar seus pedidos de forma respeitosa.
4. Geralmente, as pessoas adotam uma perspectiva de longo prazo com os colegas, em vez da conveniência de curto prazo.
5. O ambiente de trabalho é caracterizado por boas maneiras e cortesia.

12 - Liderança

1. As pessoas trabalham para equipar e capacitar seus colegas para melhorar.
2. As pessoas dedicam tempo e esforço para obter o respeito dos outros.
3. As pessoas dão bons exemplos para os outros.
4. As pessoas buscam identificar, comunicar e implementar as melhores práticas.
5. As pessoas comunicam, efetivamente, sua visão para processos ou projetos novos ou melhorados.

13 - Feedback

1. As pessoas sabem qual é a sua posição em relação ao seu desempenho.
2. As pessoas sabem que medidas e métricas dizem respeito à sua missão.
3. As pessoas estão dispostas a discutir entre si questões de desempenho individual e de equipe.
4. As pessoas tentam melhorar seu desempenho iterativamente com base em medidas objetivas.
5. As informações relativas ao desempenho estão prontas e precisamente disponíveis.

14 - Conscientização

1. As pessoas tendem a ignorar fronteiras artificiais como "departamentos", a fim de fazer as coisas.
2. As pessoas estão cientes das atividades de outros colegas que podem se sobrepor ou ter impacto sobre elas.
3. As novas contratações tendem a se atualizar rapidamente.
4. As pessoas desta organização não costumam duplicar seus esforços.
5. Esta organização faz um bom trabalho captando e compartilhando conhecimentos relevantes do processo.

15 - Coaching e mentoria

1. As pessoas desta organização fornecem mentoria às novas contratações para ajudá-las a se ajustar rapidamente.
2. Muitas diferenças e conflitos, os quais são perceptíveis, serão, de forma efetiva, abordados com treinamento ou orientação apropriada.
3. As pessoas aceitam, para muitos fins, o coaching e a mentoria no ambiente de trabalho.
4. O coaching e a mentoria ajudam as pessoas a alavancar seus pontos fortes e encontrar sentido no trabalho.
5. Os indivíduos sentem que podem contatar os outros para buscar sabedoria e orientação.

INTERPRETANDO OS RESULTADOS:

75–300: **Pare e analise cuidadosamente.** Antes de iniciar qualquer coisa, entenda que parte ou partes da organização estarão receptivas a projetos-piloto ou experiências de autogestão, quais partes não estarão e por quê. Sempre convide, inclua e envolva as pessoas na concepção e implementação de iniciativas.

300–375: **Tenha cuidado.** Sua cultura não é perfeita, mas deve ser saudável o suficiente para alistar, cuidadosamente, colegas receptivos na identificação de projetos-piloto e experiências de autogestão organizacional. Convide-os e os inclua na determinação dos primeiros passos, depois os envolva na implementação e medição dos resultados.

375–450: **Vá em frente com tudo.** Sua cultura saudável deve apoiar iniciativas de autogestão altamente visíveis, desde que os líderes envolvam as pessoas afetadas na criação, implementação e medição dos resultados.

CAPÍTULO 7

ESTABELECENDO SUA FILOSOFIA E PRINCÍPIOS DE AUTOGESTÃO

Se você quer ter sucesso nos negócios, não vá atrás de um MBA. Em vez disso, estude filosofia.

— MATTHEW STEWART, EX-CONSULTOR DE GESTÃO DO MITCHELL MADISON GROUP

FALAMOS ANTERIORMENTE sobre a força de uma organização autogerida, onde cada indivíduo é parte de uma rede humana de responsabilidade, além de ser responsável por todos os outros na empresa e pela própria empresa. Mas o que forma a base dessa rede são os *fundamentos* da empresa: os princípios e filosofias (valores centrais como a responsabilidade mútua) que servem de suporte à rede humana.

Mantendo uma rede humana resiliente

Eu gosto de pensar em uma rede autogerida como uma teia de aranha. Pode parecer uma rede frágil de fios, mas a teia de aranha é uma das maravilhas mais fortes e duráveis da natureza. Devido à resistência à tração da seda de aranha, a teia de fios é extremamente resistente e duradoura. Da mesma forma, no caso da autogestão, são os princípios e filosofias (a sólida "seda") da organização que sustentam a rede (ou "teia") da força de trabalho, criando uma empresa que é tão sustentável que pode suportar um desempenho cada vez maior. *É um empreendimento onde praticamente não há limites para os níveis de sucesso que podem ser alcançados.* Além disso, à medida que a rede de contatos se torna mais estreita (os trabalhadores da empresa interagem de forma transparente com um número cada vez maior de seus colegas), as lacunas entre os fios se tornam mais estreitas e a rede se torna mais densa. Isso significa que há poucos lugares em toda a organização onde a corrupção, a exploração e outros males no ambiente de trabalho podem surgir.

Em um ambiente autogerenciado, pode haver *centenas* de olhos — em vez de alguns poucos gestores designados — para detectar possíveis sinais de alerta de problemas.

*Em um ambiente autogerenciado, pode haver **centenas** de olhos — em vez de alguns poucos gestores designados — para detectar possíveis sinais de alerta de problemas.*

É importante ressaltar que todas as facetas da operação diária são cuidadosamente explicitadas, na maioria das vezes, em um documento parecido com um estatuto ou declaração de princípios de negócios universalmente aplicáveis dentro da organização. Dessa forma, os princípios e filosofias inerentes aos valores fundamentais da organização estão disponíveis a todos e incentivam a clareza.

Melhores práticas e pontos comuns

Vamos dar uma olhada nos valores fundamentais de várias organizações autogeridas para ver quais princípios e filosofias foram de maior importância para elas, e quais são os pontos em comum entre esses valores que fazem parte de qualquer empresa autogerida.

W.L. GORE

Classificada, de forma consistente, no topo da lista das "100 Melhores Empresas para se Trabalhar", da revista *Fortune*, está a W.L. Gore. A inovadora fabricante de vestuário, e produtos relacionados, de alto desempenho para o exterior tem confiado em uma organização de "treliça", que se traduz por ser, basicamente, uma rede horizontal de pares autogerenciáveis, desde 1958. O falecido Bill Gore estabeleceu os quatro princípios-chave da empresa — valores claros, simples e diretos — que têm sustentado o sucesso da empresa desde então e que estão disponíveis em gore.com. São eles:

- **Liberdade**. Incentivamos um ao outro a crescer em conhecimento, habilidade, escopo de responsabilidade e gama de atividades. Acreditamos que os Associados excederão as expectativas quando lhes for dada a liberdade para fazê-lo.
- **Honestidade**. Todos na Gore tentam sinceramente ser justos uns com os outros, nossos fornecedores, nossos clientes e qualquer outra pessoa com quem fazemos negócios.
- **Compromisso**. Não nos são atribuídas tarefas; ao contrário, cada um de nós assume seus próprios compromissos e os mantém.
- **Linha de flutuação**. Todos na Gore consultam outros Associados com conhecimento antes de tomar ações que possam estar "abaixo da linha de flutuação", causando sérios danos ao empreendimento.

HAIER

Na maior fabricante mundial de eletrodomésticos, frequentemente considerada uma das corporações mais inovadoras do mundo, os setenta mil funcionários da Haier, em sua maioria autogerenciados, dirigem operações em todo o mundo. De acordo com o site da Haier[65], o sucesso da empresa — que, como a fênix, nasceu das cinzas, de uma organização notoriamente disfuncional e não lucrativa — repousa sobre três de seus valores principais, discutidos em maior profundidade no site e apresentados a seguir:

- **Certos e errados**. Os usuários estão sempre certos, enquanto nós mesmos precisamos melhorar constantemente.
- **Conceito de desenvolvimento**. Os espíritos gêmeos do empreendedorismo e da inovação estão no coração da cultura da Haier.
- **Conceito de interesses ZZJYT**. ZZJYT é a abreviação de *zi zhu jing ying ti*,"unidades de operação independentes", um modo de relação ganha-ganha, que se baseia na combinação de metas individuais. Nesse sentido, as bases se fincam em unidades operacionais independentes ou equipes autogeridas.

Participei do primeiro Fórum Internacional de Modelos de Rendanheyi, da Haier na China em 2017, que definiu as entidades agora bem-sucedidas chamadas microempresas que a Haier está criando em domínios tão diversos como a pecuária, cuidados com a saúde e videogames. O essencial para a organização é desencadear inovações em toda a empresa, evitando ao mesmo tempo as armadilhas da burocracia. A Haier se esforça para criar uma empresa repleta de empreendedores.

ZAPPOS

Apesar de seus desafios com a holacracia, a distribuidora de calçados e vestuário on-line, agora de propriedade da Amazon,

65. "*Core Value of Haier*", Haier. Disponível em: www.haier.net/en/about_haier/culture/. Acesso em: 17 jan. 2019.

tem aperfeiçoado continuamente seus princípios e filosofias. O site da Zappos contém informações sobre o assunto: À medida que crescemos como empresa, tornou-se cada vez mais importante definir explicitamente os valores fundamentais a partir dos quais desenvolvemos nossa cultura, nossa marca e nossas estratégias comerciais. Estes são os dez valores fundamentais pelos quais vivemos:

- Entregar encantamento por meio do serviço.
- Incorporar e conduzir a mudança.
- Criar diversão e um pouco de esquisitice.
- Ser aventureiro, criativo e mente aberta.
- Buscar o crescimento e o aprendizado.
- Estabelecer relações abertas e honestas com a comunicação.
- Formar uma equipe positiva e um espírito de família.
- Fazer mais com menos.
- Ser apaixonado e determinado.
- Ser humilde.

Como disse o "zapponiano" Derek Noel à *Fortune,* em 2016: "Meu pior dia na Zappos é melhor do que meu melhor dia em qualquer outro lugar. Não consigo mais me imaginar voltando à hierarquia tradicional."[66]

MEETUP

Lançado em 2002 e recentemente adquirido pela WeWork de Nova York, o site de rede social Meetup fornece um software que permite

66. Jennifer Reingold, "*How a Radical Shift Left Zappos Reeling*", Fortune, 4 mar. 2016. Disponível em: www.fortune.com/zappos-tony hsieh-holacracy/.

a seus membros programar eventos por meio de uma plataforma comum. Os valores fundamentais passaram por vários ajustes nos últimos anos. A declaração de valores fundamentais do Meetup é agora mais detalhada e mais longa do que a de muitas organizações autogeridas, mas é certamente única. De acordo com o site da Meetup: *A codificação dos valores tornou-se um projeto ambicioso em si. Mas, por outro lado, acabamos construindo um forte ponto de vista sobre como trabalhamos juntos e sobre quais características são mais importantes quando contratamos novos Meetuppers:*

Sempre buscar o impacto máximo nas vidas

- **Possibilidade > estabilidade**

Gostamos de estabilidade, mas gostamos ainda mais da possibilidade de impactar mais vidas.

- **Escala > limites**

Gostamos de cuidar de todos, mas gostamos ainda mais de escalar e de simplificar cada vez mais.

- **Vidas > dinheiro**

Gostamos de dinheiro, mas gostamos de ganhar dinheiro de forma a fortalecer ainda mais a rede.

Ser bravo e destemido

- **Foco > expansão**

Gostamos de fazer muitas coisas, mas preferimos fazer melhor as coisas de maior prioridade.

- **Ação > precisão**

Gostamos de medições precisas, mas preferimos agir quando a mensurabilidade não é mais possível.

- **Adoráveis e persistentes > pacíficos e educados**

Não gostamos de incomodar as pessoas, mas gostamos muito de encorajá-las a sair de suas zonas de conforto.

Mudar a empresa

- **Coragem > conforto**

Apreciamos nossas rotinas e modelos, mas gostamos de melhorar ainda mais.

- **Risco e evolução > proteger o passado**

Valorizamos o que temos, mas gostamos ainda mais de preparar a Meetup para o amanhã.

- **Correção sistêmica > correção única**

Nós gostamos de consertar as coisas, mas gostamos ainda mais de consertos sistêmicos (pequenos e grandes).

Debater e decidir

- **Impor-se > harmonia**

Apreciamos a harmonia, mas gostamos ainda mais das melhores ideias que vêm de pessoas que se impõem.

- **Ação > consenso**

Nós gostamos de consenso, mas apreciamos ainda mais a ação.

- **Compromisso > reclamar**

Valorizamos a defesa de nossas opiniões, mas gostamos, ainda mais, de estarmos abertos e reconhecermos quando é hora de se comprometer (ou mudar de equipe).

Empoderar a todos

- **Libertar o potencial > controle de pessoas**

Nós gostamos de ter poder, mas apreciamos ainda mais a distribuição do poder.

- **Dominar > trabalhar**

Gostamos de pessoas que aparecem, mas apreciamos, ainda mais, pessoas que sempre estão um passo à frente.

- **Descentralizado > centralizado**

Cada um de nós gosta de se preocupar com tudo, mas valorizamos ainda mais papéis e responsabilidades claras.

Antecipar

- **Construir mais rápido amanhã > construir rápido hoje**

Gostamos de lançar, mas apreciamos mais investir para lançar rapidamente no futuro.

- **Criar raízes juntos > viver rápido, morrer jovem**

Apreciamos o trabalho duro, mas gostamos ainda mais de fazê-lo de forma sustentável.

- **Reputação > vencer por qualquer meio**

Apreciamos vencer, mas gostamos ainda mais de integridade.

- **Visão > velocidade**

Apreciamos a adaptação ao presente, mas gostamos ainda mais de inventar o futuro.

Meetup!

- **Juntos > sozinhos**

Gostamos de indivíduos heroicos, mas gostamos ainda mais de equipes ferozes, incríveis e atenciosas.

- **Experiência > teorização**

Gostamos de falar sobre comunidade e Meetups, mas apreciamos ainda mais vivê-las.

- **Rostos > telas**

Gostamos de evitar constrangimentos, mas as melhores coisas acontecem quando as pessoas se encontram.

MORNING STAR

A partir de seus princípios originais e básicos inerentes de (1) Liberdade para trabalhar feliz (não coerção) e (2) Compromisso com os colegas e missão pessoal/da empresa, a Morning Star Company refinou e detalhou ainda mais seus valores em um documento semelhante a um estatuto da empresa, criado para transmitir clareza a toda a força de trabalho. Dentro dos Princípios dos Colaboradores apresentados no site da Morning Star, a empresa lista os sete valores principais a seguir. Por favor, visite o site para avaliar detalhes não incluídos na versão resumida abaixo:

A fim de encorajar, alcançar e manter uma atmosfera de alta integridade, confiança, competência e harmonia entre todos os colegas, clientes e fornecedores, cada funcionário da Morning Star se compromete com o seguinte:

1. **Missão.** Nossa Missão é produzir produtos de tomate, que de forma consistente atinjam as expectativas de produtos e serviços de nossos clientes de uma maneira econômica e que seja sustentável ao meio ambiente.

2. **Objetivos individuais e trabalho em equipe.** Por este meio, concordamos em nos comprometer com a busca da perfeição em relação à nossa integridade, competência e responsabilidade individual. Em reconhecimento ao objetivo pessoal de cada colaborador de alcançar a felicidade, cada um de nós se compromete a buscar o trabalho em equipe porque *Juntos Todos Realizam Mais.*

3. **Responsabilidade pessoal e iniciativa.** Concordamos em assumir total responsabilidade por nossas ações, bem como pelas dos colegas e da nossa Missão geral.

4. **Tolerância.** Entende-se que os indivíduos diferem em muitos aspectos, no que se refere aos seus valores, gostos, humores e métodos para alcançar objetivos. É acordado que esses tipos de diferenças entre os colaboradores individuais, que não afetam diretamente nossa Missão, serão respeitados e tolerados.

5. **Comunicação direta e acordo de ganho.** Diferenças entre os seres humanos são um aspecto natural e necessário da vida, especialmente na busca da excelência. Para entrar em acordo e seguir em frente, concordamos em utilizar um processo autogerido de resolução de disputas (Veja o site para detalhes abrangentes do processo).

6. **Cuidar e compartilhar.** Na medida em que os colaboradores se preocupam consigo mesmos, com seus amigos e parentes, colegas, fornecedores, clientes, com o meio ambiente, com a nossa Missão, Princípios e instalações etc., cada um de nós estará mais perto de atingir nossos objetivos pessoais. Ao cuidar dos outros, cada colaborador se compromete a (1) compartilhar informações relevantes com os outros, (2) tomar a iniciativa de encaminhar informações que acreditam que possam ser úteis às atividades de outros, mesmo que não sejam solicitadas, e (3) responder a perguntas feitas por outros colaboradores de uma maneira respeitosa e responsiva.
7. **Fazer o que é certo.** Viver, falar e se esforçar para encontrar a verdade.

Os princípios de autogestão estão sempre em todos os lugares

Os exemplos anteriores de princípios e filosofias da empresa revelam certas semelhanças: eles expressam o desejo e a intenção de fornecer valor para o mundo em geral. Ainda, estipulam a importância de trabalhar juntos de uma forma não coerciva que promova a oportunidade de alegria e inovação no trabalho, além da responsabilidade para com os colegas de trabalho e a empresa como um todo. Embora os valores de cada empresa possam diferir de acordo com a missão do produto ou serviço, todas as declarações abrangem certos princípios que são fundamentais para a vida, haja vista que existem em todos os lugares e são sempre operacionais. (Lembre-se do exemplo sobre o princípio fundamental da gravidade: pode-se optar por negar a existência da gravidade e jogar um objeto do telhado de um edifício, mas o desejo de negar a gravidade não torna a força gravitacional menos presente). Da mesma forma, empresas ao redor do mundo podem escolher alinhar seus objetivos com princípios sempre operacionais, como a busca humana da felicidade e da realização pessoal, ou não. Mas *não* se alinhar com um princípio de afirmação da vida não o torna inexistente. Assim, as empresas autogeridas podem parecer únicas em um mundo de negócios amplamente burocrático que com persistência (e sem sucesso, devo acrescentar) suprime os princípios básicos da vida.

Eis uma experiência de pensamento útil: imagine um mundo onde as pessoas em todos os lugares alinharam seu comportamento com princípios humanitários. Que tipo de mundo seria esse? Se todos no mundo abandonassem o uso da força contra outros seres humanos, por exemplo, não precisaríamos de forças militares ou policiais, ou fechaduras em nossas portas. Em resumo, seria um mundo incrível. É claro que sabemos que a adoção universal de tais princípios não é realista, mas essa não é a questão. A questão é que, *na medida em que* as pessoas se alinham com princípios humanos civilizados, harmoniosos e produtivos, os indivíduos e suas culturas (organizacionalmente e de outra forma) estão em melhor situação. Sendo assim, os princípios são de suma importância.

Imagine um mundo onde as pessoas em todos os lugares alinharam seu comportamento com princípios humanitários. Que tipo de mundo seria esse?

Os princípios de autogestão são derivados da lei

Muitos dos princípios seguidos por organizações autogeridas também derivam daqueles que formam o fundamento da lei em culturas nas quais o uso da força (coerção) não é tolerado. Na maioria das culturas, por exemplo, assassinato, sequestro, roubo e agressão são atos criminosos. Muitos atos de coação também justificam uma ação legal. No entanto, em muitos ambientes de trabalho burocráticos, a coação parece um estado natural das coisas. Isso não ocorre em ambientes laborais autogeridos, onde qualquer tipo de restrição coercitiva só serviria para prejudicar os trabalhadores e, portanto, por extensão, a empresa como um todo.

A lei contratual também está subjacente a muitos princípios de negócios autogeridos. Afinal, a base do direito contratual é o próprio contrato: um acordo para manter a promessa ou compromisso de uma pessoa com outra parte. Imagine um mundo onde compromissos são firmados rotineiramente — e desfeitos com a mesma rapidez: os compromissos não teriam qualquer significado e o caos se instalaria. Na cultura ocidental, um grande esforço e muitos gastos visam garantir que indivíduos e entidades mantenham seus compromissos uns com os outros, para que os assuntos da vida diária não fiquem fora de controle. Imagine novamente um mundo no qual precisamos de pouco ou nenhum policiamento para garantir que os compromissos sejam cumpridos: os custos de seguro e de litígio despencariam e a produtividade *subiria*.

No ambiente de trabalho, o uso de coerção (mesmo formas sutis de coerção) e a ausência de compromisso ou responsabilidade se traduz diretamente na ansiedade e, em última instância, na falta de engajamento dos funcionários. Por outro lado, a *ausência* de coerção acompanhada de *confiança* na responsabilidade universal gera felicidade e a liberdade de ser apaixonado pelo trabalho. Tal prática também gera inovação no ambiente laboral, contribuindo assim para o bem maior da empresa e criando valor para a humanidade como um todo.

Otimização dos valores fundamentais

Com princípios e filosofias básicas e baseadas na lei em vigor, as empresas tornam-se livres para otimizar os valores fundamentais que as diferenciarão de sua concorrência e farão com que seus objetivos de negócios valham a pena ser seguidos.

A W.L. Gore, por exemplo, otimiza a inovação. Com a inovação em mente, o valor fundamental de liberdade, o primeiro definido por Bill Gore, foi uma escolha lógica. Liberdade não só é um princípio de vida sempre presente para os seres humanos, bem como um princípio básico de nossa Constituição e sistema legal dos EUA, mas é também o terreno a partir do qual a inovação brota. Assim, a empresa corrobora a importância da inovação em seu Valor Fundamental nº 1: "Acreditamos que os Associados excederão as expectativas quando lhes for dada a liberdade para fazê-lo." Lembre-se que, leal a seus princípios, a W.L. Gore encorajou um de seus trabalhadores a buscar o desenvolvimento de um produto de cordas de violão baseado em um material de desempenho da empresa. Outro associado criou um fio dental de alta tecnologia de fibra Gore que agora forma a base de uma linha de produtos de grande sucesso.

A Zappos, uma distribuidora em oposição a uma fabricante, otimiza o atendimento ao cliente. Devido à capacidade da empresa se concentrar na vantagem competitiva do serviço, os clientes podem contar com entregas e devoluções quase sem falhas, e a empresa colhe os benefícios em termos de reputação, fidelidade do cliente e lucros.

Polaridade nos valores fundamentais

Curiosamente, dentro de tantos dos princípios frequentemente incluídos nas declarações de valores fundamentais de autogestão, existem também polaridades ou o empurra-empurra de necessidades opostas. E há a ordem de gerenciar essas polaridades.

Por exemplo, a W.L. Gore prospera na inovação proveniente de qualquer indivíduo dentro da empresa. Todavia, reconhecendo que com a inovação vem um certo nível de risco, a empresa também adotou como valor fundamental o princípio da "linha de flutuação": "Todos na Gore consultam outros Associados com conhecimento antes de tomar ações que possam estar "abaixo da linha de flutuação", causando sérios danos ao empreendimento." Pode-se bem imaginar que um trabalhador individual, fazendo experiências com materiais e maquinário, possa sem querer desencadear uma série de eventos potencialmente prejudiciais à empresa. Mas em um ambiente de trabalho autogerido, onde uma rede humana de colegas de trabalho leva a sério a responsabilidade compartilhada, desastres imprevisíveis "abaixo da linha de flutuação" são muito menos prováveis de acontecer. Essa rede em si proporciona os controles e equilíbrios comumente ausentes em organizações mais burocráticas, nas quais o poder supera a responsabilidade compartilhada.

E em uma empresa autogerida como a Morning Star, a gestão da polaridade é o pano de fundo para "jogar o jogo do trabalho", que ajuda a empresa a prever, gerenciar e traçar estratégias das forças do mercado e do mundo que possam impactar o negócio para o melhor ou para o pior. Desta forma, não somente são evitados problemas sobre a "linha de flutuação", como também são aproveitadas as vantagens competitivas quando os indicadores emergem.

Valores fundamentais e o estatuto da empresa

Embora praticamente todas as empresas autogeridas tenham um conjunto expresso de princípios e filosofias que elas sustentam como sua orientação, nem todas formulam uma constituição da empresa em torno desses princípios, contudo deveriam. Quanto mais madura ou estabelecida a organização, mais provável é que ela tenha vislumbrado, ao longo do caminho, a necessidade de criar um documento claro e fixo que explicite os detalhes dos valores da empresa à medida que eles se aplicam às operações diárias. O estatuto é, de fato, a base da empresa; ele estará sempre ali para ajudar a apoiar quaisquer questões que possam surgir, ao mesmo tempo em que elimina a ambiguidade. A Morning Star, por exemplo, explicita de forma clara e precisa os processos da empresa para a resolução de disputas e pedidos de demissão, processos que podem ser feitos por qualquer indivíduo dentro da empresa. E como não existe um departamento de RH (para tratar tais questões de forma impessoal), a clareza de propósito e processo é essencial. Qualquer pessoa, a qualquer momento, pode precisar consultar o estatuto para obter tais informações ou outras orientações sobre o processo.

Também não há dúvida de que houve estatutos de empresas que foram ambiciosos, de forma desnecessária, a ponto de serem lidos como dossiês jurídicos. Entretanto, na sua melhor forma, um estatuto deveria detalhar o seguinte: Quem Somos, No Que Acreditamos e Como Funcionamos. Mas cuidado: se o documento for criado para proteger a liderança da empresa às custas da força de trabalho da empresa, ele se torna uma autorização que essencialmente nega todo o propósito de autogestão e os seres humanos que trabalham para a empresa estarão cientes disso.

Identificando seus princípios e criando seu estatuto

O processo pode parecer simples, mas a seriedade quanto ao pensamento, tempo e discussão ajudará você a formar seus princípios orientadores, e, posteriormente, criar o estatuto da empresa com base nesses blocos de construção. A ordem geral das coisas é:

- Comece com princípios e resista à tentação de muitos de buscar imediatamente práticas, ferramentas e sistemas. Os princípios são seus aliados. Eles o sustentarão em tempos difíceis, mesmo depois que as práticas e ferramentas se tornarem obsoletas. Os princípios nunca mudam. Eles sempre funcionam e nunca tiram um dia de folga. Tentar implementar uma iniciativa de autogestão sem princípios estabelecidos é como construir uma casa sem uma base, que pode desmoronar após os primeiros ventos fortes de uma tempestade. Com isso, os princípios de autogestão começam com o conceito de livre-arbítrio: que os seres humanos fazem escolhas de maneira livre em todas as situações. Com certeza, você vai querer uma estrela-guia de princípios fundamentais para guiar as pessoas de sua organização a fazerem tais escolhas.

- Confira os princípios de outras organizações autogeridas (ou similares). Você pode encontrar esclarecimento em qualquer setor ou indústria, portanto, olhe tudo o que puder.
- Encontre o significado de sua organização e forme os princípios de sua empresa após uma séria busca interior (Quais são seus próprios valores e filosofias? Qual será o propósito mais significativo de sua empresa?). Discuta seus pensamentos com sua equipe inicial, de liderança ou de reorganização. Consulte todas as pessoas que desejar, considere todas as possibilidades e defina quais são os valores fundamentais que serão os faróis de sua empresa.
- Veja outros estatutos de empresas para ter uma noção de como elas aplicaram seus princípios nas operações e questões cotidianas.
- Trabalhe com os stakeholders para desenvolver o estatuto de sua própria empresa. Aprimore isso antecipadamente e ao longo do tempo, conforme surgirem novas questões e considerações.
- Coloque tanto os valores fundamentais da empresa (princípios e filosofias) como o estatuto on-line e em suas paredes, onde as pessoas têm fácil acesso. A maioria das empresas autogerenciadas publica orgulhosamente seus valores empresariais para que *todos* os visitantes do site e da empresa possam ver. Algumas empresas incorporam e invocam seus valores fundamentais dentro do estatuto em uma única declaração ou documento.

Em 1990, quando Chris Rufer reuniu nossa pequena equipe inicial da Morning Star Company, ficou claro para todos nós que ele vinha pensando em seus princípios de vida e negócios por anos. Já havíamos desbravado o terreno na nova fábrica quando ele nos convocou e entregou um documento de três páginas de fácil leitura que incorporava seus dois princípios-chave: o de não coerção e compromisso. O documento também continha alguma linguagem de governança que envolvia esses princípios. Havia um processo para resolver conflitos, um compromisso de ser transparente e compartilhar informações, e alguns outros pensamentos importantes sobre o bom trabalho em equipe, esforçar-se pela perfeição, ser tolerante, compartilhar e cuidar dos outros (Lembre-se da pergunta dele para nós: o que o trabalho tem a ver com o amor?). Basicamente, seu documento era sobre os dois princípios-chave que ele acreditava que verdadeiramente gerariam uma felicidade e uma produtividade apaixonada dentro do ambiente de trabalho. Ele nos perguntou se tínhamos algo melhor a propor para a governança organizacional (nós não tínhamos). Depois discutimos o documento, o incorporamos e nos tornamos uma organização autogerida ali mesmo. A linguagem foi um pouco melhorada desde então, mas, em sua essência, não mudou nada desde 1990.

Bill Gore e sua esposa, Genevieve, fundaram sua empresa há sessenta anos em uma garagem da mesma maneira, e seus princípios também eram simples. Tanto Bill Gore quanto Chris Rufer acreditavam que os indivíduos dentro de suas empresas progrediram com liberdade. Eles projetaram suas empresas (e suas vidas) não apenas para respeitar essa verdade, mas também para apoiá-la totalmente. Essa crença levou à compreensão de que as empresas não precisam motivar, administrar e "desenvolver" pessoas livres que têm oportunidades e recursos sempre disponíveis para elas e que se administram perfeitamente em qualquer outro lugar. A autogestão é sobre liberdade. O filósofo empresarial Peter Koestenbaum disse isso da melhor maneira:

Vivemos em organizações que estão mais interessadas em controlar e prever o comportamento do que em compreendê-lo. Vemos a liberdade como um problema com o qual devemos lidar e não como a essência de toda motivação e criatividade. Se pudermos aprofundar nossa compreensão do que significa ser humano, podemos nos tornar líderes que enxergam sentido, não importa onde trabalhamos e não importa o que fazemos para viver[67].

Esclarecendo e finalizando o estatuto da empresa

Agora que os valores fundamentais da empresa foram descobertos e uma estrutura para o estatuto da empresa foi erguida, será mais fácil enfrentar as decisões que vêm com as primeiras etapas da autogestão. Já discutimos anteriormente a importância de determinar onde, no continuum de autogestão, sua empresa (ou nova estrutura organizacional de autogestão, se você estiver se reorganizando) deve ser lançada. As considerações a seguir o ajudarão a esclarecer esse local e a finalizar as declarações de sua nova empresa.

CONTINUUM

Autoridade de comando e liderança:

- Sua empresa manterá alguma hierarquia, chefes ou gestores?
- Haverá autoridade de comando em qualquer nível?
- E quanto à contratação e demissão unilateral?
- As pessoas manterão os títulos formais, ou todos serão

67. KOESTENBAUM, Peter. *Freedom and Accountability at Work: Applying Philosophic Insight to the Real World.* São Francisco, Jossey-Bass, 2001, xiii. Para mais autoexames e liderança de uma organização autogerida com coragem, ética, realidade e visão, veja o Diamante da Liderança no site de Koestenbaum Philosophy in Business, pib.net.

tratados de forma semelhante, do topo até a base?

- Será designada qualquer responsabilidade de liderança, ou a liderança se desenvolverá organicamente como uma equipe de pessoas direcionada a projetos e tarefas, e os indivíduos mais próximos da ação com as habilidades mais apropriadas emergirão como líderes naturais?

Essas questões exigirão que você considere cuidadosamente o continuum que vai da autoridade de comando absoluta à esquerda (escravidão, que não é uma opção) até a ausência de autoridade de comando à direita (autogestão total na qual você se baseia na confiança, respeito, influência e persuasão). Entenda que, como a autoridade de comando é binária — ou você a tem ou não — onde você opta por mantê-la em sua organização autogerida, você precisará estabelecer limites claramente comunicados em torno dos tipos de comandos que podem ser emitidos, bem como quem os pode emitir.

CULTURA

- Você acredita que cada um é um gestor em sua própria vida, trazendo essas mesmas habilidades diretamente para o ambiente de trabalho? (Ou você acredita que algumas pessoas ainda precisam ser "geridas"?)
- A cultura de sua empresa promoverá respeito por todos os seres humanos sem distinções como "colarinho branco" ou "colarinho azul" etc.? (Em outras palavras, as boas ideias e melhorias podem vir de qualquer lugar e a qualquer momento?)
- O compromisso, a responsabilidade e a iniciativa dos colaboradores serão cruciais para sua empresa?

- Você acredita que isso *permitirá* a autogestão e a construção do tipo de cultura que você imagina?
- As pessoas serão vistas como profissionais; administradores da empresa; proprietários de negócios de suas áreas e coproprietários da missão empresarial como um todo, independentemente da estrutura legal da organização?

- E quanto ao compartilhamento de informações? A cultura de sua empresa encorajará o acúmulo e a ocultação de dados ou o compartilhamento de informações será por solicitação ou obrigatório?
- Os processos de autogestão da empresa estarão abertos à análise, experimentação e melhoria por todos?
- Você já considerou seriamente a importância da linguagem em seu ambiente autogerido, bem como nos documentos de sua empresa?
    - A linguagem anda de mãos dadas com a cultura da empresa: Você será capaz de fomentar o espírito humano de inovação enquanto ainda chama seu pessoal de "funcionários" (pessoas que trabalham por remuneração), ou será que terminologias como "colaboradores" e "associados" repercutirão mais profundamente?
    - A linguagem documentada e as interações de sua empresa inspirarão e elevarão as pessoas, ou você, sem querer, perpetuará alguns níveis de repressão?
- Qual a importância da liberdade? Você acredita que as pessoas têm "liberdades itinerantes", pois administram suas vidas e suas famílias dia após dia? (Em outras palavras, você acredita que as pessoas fazem seu melhor trabalho quando são livres para fazê-lo bem e não são coagidas nesse sentido?)

- E a diversão? Claramente, a diversão é uma prioridade máxima na Zappos, pois ela ocupa o terceiro lugar na lista de seus dez valores fundamentais da empresa. Peça à sua equipe inicial de autogestão que faça uma votação; a diversão aparece com mais frequência nas cinco primeiras prioridades.
- O que você pensa sobre colaboração, trabalho duro e concorrência esclarecida ou sobre o *competère* ("aprender juntos") entre colaboradores e departamentos ou divisões? O *Competère* é especialmente fundamental para a formação da cultura de sua empresa, pois significa que seus stakeholders (incluindo seus clientes) aprendem juntos e se educam mutuamente ao longo de todo o caminho. Quanto à concorrência esclarecida, isso não significa que você dá a seus clientes o preço mais baixo que eles podem obter; significa que você negocia de forma vigorosa e educa bem seus clientes sobre as realidades do mercado. Vocês se esforçam para dar a eles o melhor *valor* nesse mercado.
- Quando surgirem disputas, como elas serão tratadas? De maneira convencional, por meio de gestão e policiamento, ou por um processo de resolução autogerida, que, se necessário, pode evoluir?
- Seu processo será fundamental para os valores e a cultura de sua empresa?

COMO AUTORIZAR A EFICÁCIA DA AUTOGESTÃO

- O compromisso, a responsabilidade e a integridade serão a base de todas as interações com as partes interessadas em sua empresa?
  - Será essencial que as pessoas mantenham sua palavra e seus acordos sejam cumpridos (integridade)?

- Os colaboradores vão colocar por escrito seus compromissos de longo prazo uns com os outros?

- Será que a comunicação eficaz, o compartilhamento de informações e a tomada de iniciativa serão responsabilidades tanto do colaborador para outro colaborador, quanto do colaborador para a empresa, cuja função entusiasma e envolve as pessoas? Eles transmitirão um sentimento de pertencimento e segurança psicológica?
- Os compromissos devem ser solicitados ou serão firmados sob demanda? Ou seja, os compromissos devem ser buscados somente por meio de influência e persuasão? O filósofo de comunicação, Fernando Flores, defende um modelo de comunicação "conversa por ação" de atos de fala, que envolve fazer uma oferta ou pedido, no qual o outro é livre para aceitar ou recusar, todavia trata-se de uma noção radical em muitas organizações de comando e controle. Se aceito, um compromisso é feito para cumprir a promessa, e, vale dizer, que compromissos são atos ousados de intenção, com uma estrutura e ciclo de vida[68].
- Os valores pessoais/comerciais de cada membro da força de trabalho precisam se alinhar com a missão, os valores e a visão da empresa? Ou ela irá operar de forma bem-sucedida, mesmo em conjunto com aqueles que não necessariamente apoiam a sua missão, valores e visão? Em caso afirmativo, como isso funcionará?
- A emoção humana será reprimida no ambiente de trabalho? Os líderes de organizações autogeridas querem que as pessoas sejam apaixonadas por seu trabalho, e paixão significa emoção. Simplificando, a felicidade é a base do

68. Harriet Rubin, "*The Power of Words*", Fast Company, 31 dez. 1998. Disponível em: www.fastcompany.com/36313/power-words.

sucesso da autogestão. Assim como o controle: as pessoas no controle de suas *próprias* vidas e de seu trabalho. Mencione-se que os neurocientistas agora sabem que as pessoas não podem tomar decisões sem levar em conta a emoção, então, pense duas vezes antes de voltar a tratar os seres humanos como autômatos. A inteligência emocional é também uma característica da maioria dos autogestores bem-sucedidos.

- A empresa irá desenvolver, distribuir/publicar princípios para colaboradores, um estatuto, ou similar?
- A medição de desempenho ou um mecanismo de relatórios em tempo real será acessível a todos para que haja feedback em tempo real para correção do fluxo, por meio do compartilhamento de informações e da transparência?
- Um processo de seleção de novos colaboradores (contratação) será tratado em grande parte por aqueles que trabalharão mais próximos dele?
    - Todos aqueles que irão trabalhar com a nova contratação terão voz no processo?
- Haverá tutoria, treinamento, orientação e integração de novos colaboradores?
- A empresa oferecerá oportunidades para que os colaboradores desenvolvam seus pontos fortes?
    - Oportunidades para as futuras configurações de carreira desejadas?
    - Oportunidades para desenvolver maior inteligência social e emocional?
- A tecnologia social desempenhará um papel importante para permitir a autogestão em sua empresa?

- Você irá empregar alternativas de reuniões como o OpenSpace e o World Café para dar espaço à inovação e à liderança?

DIREITOS DE DECISÃO

- O líder ou dono da empresa manterá alguma autoridade de decisão estratégica, ou os colaboradores negociarão a responsabilidade pelos direitos de decisão, incluindo as decisões estratégicas?
- Quem cuidará das informações de propriedade?
  - Esse acesso será restrito? Em caso afirmativo, por quais meios?
- Quem terá responsabilidade pela melhoria e gestão dos processos comerciais?

COLABORAÇÃO

- Qual será a importância do compromisso com os clientes da empresa entre os colegas?
- Que porcentagem da "superfície operacional" da organização terá contato com os clientes e recursos externos?
- Qual papel a colaboração desempenhará e até que ponto?
- Como, de forma precisa, o ambiente de autogestão ajudará os indivíduos a colaborar?

Incorporando a razão de ser de sua empresa

A análise das questões anteriores, uma a uma, não só o ajudará a esclarecer suas metas e processos de autogestão para as primeiras etapas de sua iniciativa, mas também intensificará seu foco nos propósitos pessoais e comerciais de forma combinada, isto é, a razão de ser de sua empresa. Mas, antes de seguir para a razão de ser da empresa, é importante pensar em seu *próprio* propósito e no seu significado.

O trabalho, para a pessoa comum, diz Koestenbaum, é externo à vida e é, portanto, experimentado como uma restrição à própria vida. Em seu trabalho marcante, *Leadership: The Inner Side of Greatness*[69], Koestenbaum explica que a pressão do tempo é na verdade a pressão da culpa existencial: as pessoas sentem estresse porque não estão à altura de seus propósitos — e a burocracia prospera com a culpa. Quando você encontra seu propósito, em vez de gerir o tempo de fora para dentro (como prescreve uma miríade de livros e artigos), você é o tempo, ou seja, trata-se de uma abordagem de dentro para fora. O tempo fica mais lento, possibilitando que você se concentre no momento, enfrentando desafios e oportunidades com rapidez e intenção, permitindo que você integre múltiplas facetas de sua vida em um nível sem precedentes. Tal prática pode parecer misteriosa, mas é surpreendentemente básica, pois se traduz no *básico para quem você é.* A abordagem filosófica de Koestenbaum aos negócios tem inspirado muitos líderes empresariais; *Leadership: The Inner Side of Greatness* é uma leitura recomendada para qualquer chefe ou dono de empresa que pondere sobre seu propósito e significado pessoal.

A seguir: as implicações da autogestão — ou a antecipação do que pode acontecer no pós-desdobramento.

---

69. KOESTENBAUM, Peter. *Leadership: The Inner Side of Greatness*. São Francisco: Jossey-Bass, 2002.

CAPÍTULO 8

IMPLICAÇÕES (OU O QUE ESPERAR) DA AUTOGESTÃO

Maior do que o cenário é a situação. Maior do que a situação é a implicação. Maior do que tudo isso é um ser humano único, inteiro, que nunca ficará confinado a nenhuma estrutura.

— EUDORA WELTY, ROMANCISTA, DRAMATURGA E CONTISTA

PARA NOSSOS PROPÓSITOS, uma das definições mais claras do termo amorfo "implicação" é a que eu encontrei no Vocabulary.com: "uma implicação é algo que é sugerido, ou acontece, indiretamente. Normalmente usadas no plural, as implicações são efeitos ou consequências que podem acontecer no futuro."

Eu não pude deixar de citar Eudora Welty, acima, neste capítulo. Welty poderia estar pensando sobre dramaturgia quando ela explicou a importância das implicações, mas elas também falam de autogestão. Podemos reformular a citação de Welty dessa forma: "Maior do que o ambiente em que se trabalha é a situação de um indivíduo — como ele ou ela trabalha. Maior do que a situação, é a implicação — o que acontece indiretamente, por causa desse trabalho. Maior do que tudo isso é o ser humano único, inteiro, que nunca ficará confinado a nenhuma estrutura — incluindo um organograma!"

Pode-se ter um bom número de implicações quando se lança uma empresa em modo autogerenciado ou quando se reorganiza uma empresa visando a autogestão; a ampla lista de aspectos culturais que eu peço aos clientes para considerarem geralmente é um estímulo ao pensamento[70]. Mas vejamos algumas das implicações mais comuns que você encontrará e quer, de antemão, considerar.

Desafios para uma autogestão eficaz

Quando Brian Rocha, da Fresh Fill, deu início ao processo de contratação para o lançamento da sua loja de conveniência na Califórnia, ele entendeu que algumas de suas contratações não iriam dar certo. Rocha seguiu o processo inicial de contratação mantendo-se fiel às filosofias e princípios de sua empresa. No entanto, percebeu que nem todos seriam "os mais adequados". Ele sabia que teria que dispensar algumas pessoas, provavelmente, logo no início.

Cada empresa tem seus problemas com características pessoais que não se adequam bem à cultura da empresa. Em um ambiente de trabalho onde a autogestão é o contexto para a cultura da companhia, há aspectos adicionais a se considerar.

OS SEDENTOS POR PODER E OS POLÍTICOS

O primeiro caso que me vem à mente é um indivíduo que gosta de poder. Esse traço de personalidade é pouco compatível com a autogestão simplesmente porque, em uma empresa totalmente autogerida, a voz de todos é igual. Eliminar aqueles que gostam

70. Confira em um formato infográfico. Disponível em: www.alivewithideas.com/blog/infographic-twenty-eight-components-to-effective-organisational-culture.

do poder pode ser especialmente desafiador quando uma empresa passa do comando e controle para a autogestão. A extirpação é crucial, no entanto, se você quiser criar uma empresa que prospere em mudança e inovação. Como o renomado pensador empresarial Gary Hamel observou, o pré-requisito para a mudança é que as pessoas devem estar dispostas a renunciar ao poder, e, muitos (a maioria) gestores não estão dispostos a dispensá-lo. O tipo de personalidade sedenta por poder é com frequência mais prevalente na gestão intermediária do que na alta liderança, pois tais gestores subiram no organograma, desfrutando de doses crescentes de poder (lembra-se das doses viciantes de dopamina?). Além disso, o *medo* de perder o controle só agrava a situação para quem gosta de poder no campo nivelado da autogestão.

Os sedentos por poder e os políticos também não são adequados para uma empresa autogerida, porque, nela, não há lugar para se esconder. Quando você, de forma voluntária, negocia e concorda sobre o propósito, conteúdo do trabalho, funções, bem como responsabilidades, escopo da autoridade decisória e como o desempenho será medido de forma transparente, seus colegas de trabalho esperarão que você honre esse contrato. Se você dedicar muito tempo em manobras políticas e, portanto, não estiver cumprindo seu contrato, isso se tornará óbvio para todos, e *alguém* vai convidá-lo a se retirar.

Os sedentos por poder e os políticos também não são adequados para uma empresa autogerida, porque, nela, não há lugar para se esconder.

O INDIVÍDUO MEDROSO OU AVESSO ÀS MUDANÇAS

Claramente, a mudança para a autogestão pode ser um problema para aqueles que estão acostumados a ter algum gestor que tome decisões sobre seu horário de trabalho, cronograma, condições de emprego etc. De repente, espera-se que tais colaboradores participem dessas decisões e assumam mais responsabilidades, mas eles podem se sentir ansiosos com relação a isso. O objetivo da autogestão é que *todos* sejam gestores, o que, para cada colega de trabalho, cria um nível adicional de responsabilidade, além de mais reflexão, trabalho e oportunidade de iniciativa. Aqueles que gostam de desafios prosperam; aqueles que não gostam, muitas vezes não.

Dito isto, há também indivíduos que se direcionam para nichos específicos: aqueles que trabalharam por conta própria durante anos, concentrando-se em uma área de especialização (P&D, por exemplo). Tais pessoas podem ser um pouco avessas à mudança, mas ainda assim podem ser muito valiosas em um ambiente autogerido, em que os papéis são definidos por acordo. Seus acordos podem até mesmo especificar os modos preferidos de interação social (junto ao conteúdo do trabalho e a contribuição da empresa), desde que isso ocorra de forma voluntária pelo indivíduo e seu grupo de trabalho.

O COLABORADOR PASSIVO E O PASSIVO-AGRESSIVO

As pessoas que são do tipo passivo ou que geralmente não têm iniciativa podem achar a autogestão um desafio, principalmente porque ela depende muito da comunicação constante, que requer iniciativa por parte de transmissores, buscadores e receptores de informações acionáveis. Se lhe falta iniciativa, então você pode não ser um comunicador proativo, algo essencial para uma autogestão eficaz.

Indivíduos passivos-agressivos, em geral, comunicam-se na autogestão, mas, posteriormente, não entregam aos colegas. "Tentarei dar um retorno a você quanto a isso depois" acende um alerta vermelho de forma imediata. Para um colega de trabalho, isso significa: "Eu não me importo com você. Você definitivamente não é importante para mim, então irei deixá-lo *pensar* que respeito sua solicitação enquanto a ignoro." Essas pessoas podem ser procrastinadoras ou indivíduos com objetivos escusos; de qualquer forma, elas agem de forma passiva-agressiva, minando a autogestão efetiva.

SUTIS DELEGADORES OU PSEUDOESPECIALISTAS

Um dos desafios de recrutamento que alguns clientes enfrentam é encontrar pessoas com expertise *e* experiência numa área. Tais indivíduos podem estar no meio de suas carreiras e geralmente vêm de organizações tradicionais (muitas vezes, que fazem parte da Fortune 500). Aí está o problema: eles frequentemente costumam delegar a outras pessoas o que fazer e aprenderam a falar manso ao longo do caminho. Quando a vantagem do chefe é removida, tais contratações podem falhar, porque eles não sabem como fornecer valor direto a seus colegas. Um especialista em cadeia de suprimentos, por exemplo, pode não ser capaz de fornecer habilidades nessa área, mas apenas dizer aos outros o que fazer, enquanto distrai seus superiores.

As pessoas têm motivações, mentalidades e abordagens diferentes para a vida. Em um ambiente agenciado e autogerido, autonomia, responsabilidade e liberdade devem ser benéficas para praticamente qualquer pessoa. Alguns aproveitarão essa liberdade, outros nem tanto. Felizmente, as empresas autogeridas não precisam ser perfeitas. Elas só precisam ser melhores do que as organizações tradicionalmente administradas, onde 67 por cento da força de trabalho está desengajada e a tarifa de gestão desperdiça três trilhões de dólares por ano em produtividade.

Três superpoderes da efetiva autogestão

TODOS SÃO LÍDERES

A autogestão de fato requer liderança, haja vista se tratar de um elemento essencial em uma organização eficaz e autogerida. Em uma empresa autogerenciada, a liderança pode vir de qualquer lugar a qualquer momento, pois ela não é determinada e emerge dinamicamente (conforme a necessidade), assim como ocorre na vida fora do ambiente de trabalho. Uma amiga, a dra. Lori Kane descreve como é fazer parte de uma grande equipe da Microsoft, interagindo com várias unidades de negócios em suas questões mais urgentes. Todos os dias, os membros de sua equipe dizem que se sentem atraídos pela liderança, mas não poderiam necessariamente identificar qual membro da equipe está liderando.

O ponto essencial aqui é que a força da liderança em uma organização autogerida é constantemente exercida, enquanto nas hierarquias organizacionais, as forças de liderança atrofiam-se à medida que as pessoas se tornam preguiçosas e confundem o poder de ordenar as pessoas (não se trata de uma habilidade única) com a verdadeira capacidade de dirigir, guiar e liderar uma determinada tarefa ou projeto.

A autogestão de fato requer liderança, haja vista se tratar de um elemento essencial em uma organização eficaz e autogerida. Em uma empresa autogerenciada, a liderança pode vir de qualquer lugar a qualquer momento, pois ela não é determinada e emerge dinamicamente (conforme a necessidade).

Em um ecossistema autogerido, a liderança pode surgir de qualquer lugar e a qualquer momento. Um técnico empreendedor da Morning Star, por exemplo, teorizou recentemente uma maneira melhor de lidar com produtos químicos. Ele projetou um sistema, criou uma proposta, solicitou apoio e financiamento e implementou um projeto que se pagou por si só quase que de forma imediata. Esse tipo de liderança natural é o que dá às organizações autogeridas uma vantagem estratégica/competitiva tão convincente.

Em uma empresa autogerida, todos são livres para liderar e qualquer um pode ser um líder — a verdadeira medida da liderança é ter ou não seguidores. A liderança muitas vezes gira em torno de conhecimentos sobre assuntos, mas não necessariamente, visto que ela pode girar em torno de uma competência necessária, como a inteligência emocional.

Na Morning Star, os colaboradores são responsáveis por *quaisquer* questões que penetrem seu escopo de conscientização (chamado de "anel de responsabilidade"). Oportunidades de inovação, melhoria contínua, construção de relacionamentos, aquisição de recursos, execução de processos, conformidade regulatória e todos os outros domínios de negócios exigem um grau de liderança. Em um ecossistema autogerido, a liderança emerge quando e onde ela é necessária, muitas vezes ao acaso e de fontes inesperadas. Esse é o poder da autogestão.

SABEDORIA COLETIVA

É importante ressaltar que, como a autogestão aproveita a inteligência coletiva de um grupo inteiro, ela aspira a incluir muitos tipos de personalidades: introvertidos e extrovertidos, por exemplo. Daniel Pink, em seu livro *Motivação 3.0: a surpreendente verdade sobre o que nos motiva*[71], sustenta que *todo* tipo de personalidade deveria se beneficiar de maior autonomia, liberdade e propósito, juntamente à oportunidade de alcançar o domínio. A empresa

71. PINK, Daniel. *Motivação 3.0: a surpreendente verdade sobre o que nos motiva*. Rio de Janeiro: Sextante, 2019.

autogerida pode, por exemplo, beneficiar-se da experiência até mesmo da alma mais tímida, se essa pessoa puder trazer valor ao todo e esboçar um acordo que seja aceitável para todos. Afinal, em toda empresa, *alguém* tem que direcionar as coisas. Em uma organização autogerida, cada pessoa que direciona algo pode aproveitar as oportunidades de melhoria ao longo de todo o caminho.

A sabedoria coletiva deve ser compartilhada. As contratações ideais para uma organização autogerida são também aquelas pessoas que estão dispostas a "falar a verdade ao poder". Mesmo nesse modelo organizacional, alguns funcionários serão percebidos por seus pares como mais expressivos, carismáticos ou confiantes do que outros; é apenas a natureza humana. No entanto, o que nivela a percepção dos líderes naturais é a disposição de cada trabalhador para falar com clareza e com qualquer pessoa na organização, para o bem da empresa. Não apenas cada membro da força de trabalho tem o direito de se manifestar; na autogestão, todos têm a *obrigação* de fazê-lo. Bill Gore viu essa obrigação como indispensável para os valores fundamentais da W.L. Gore quando ele estipulou o princípio da linha de flutuação — a obrigação de todos os colaboradores da W.L. Gore de "vigiar a linha de flutuação" e falar quando eles observam algo que poderia potencialmente afundar o navio da empresa.

Não basta ser um bom ouvinte, assim como Peter Drucker observou em seu livro *O gestor eficaz*, é preciso estar disposto e ser capaz de falar e insistir em ser ouvido e compreendido, para ser eficaz[72]. Também é sábio implementar mecanismos de ativação de voz, tais como o ombudsman, e as tecnologias sociais como o Open Space, que possibilitam que todos (inclusive os introvertidos) sejam ouvidos.

72. DRUCKER, Peter. *O gestor eficaz*. São Paulo: GEN, 2014.

CRIANDO E MANTENDO COMPROMISSOS

Fernando Flores, o pesquisador de informática e linguística chileno é considerado o padrinho da manutenção de compromissos. Sua pesquisa e experiência lhe ensinou que compromissos são atos de fala que consistem em fazer uma oferta a alguém, que esse indivíduo é livre para aceitar ou recusar. Se a oferta for aceita, um compromisso de cumprimento de uma promessa foi assumido. Flores reúne esses atos de fala em elementos sequenciais que compreendem a estrutura das conversas de compromisso para estimular confiança, integridade, e, em última instância, desempenho[73].

Flores tem se referido a suas teorias como "gestão baseada em compromissos", "conversas para ação" ou "design ontológico" combinando filosofia, neurociência e linguística[74].

Praticamente todos os líderes consideram a integridade como uma característica crucial das partes interessadas e dos funcionários. Qual é a fonte de integridade e confiança? Manter os compromissos. O livro de Stephen Covey, *Os 7 hábitos das pessoas altamente eficazes: lições poderosas para a transformação pessoal*, descreve integridade como "fazer com que nossas ações estejam em conformidade com nossas palavras" (relacionado, mas distinto da honestidade, que é sobre como fazer com que nossas palavras estejam em conformidade com a realidade)[75]. Integridade significa assegurar que as ações de uma pessoa reflitam o que já comunicaram que farão pelos outros, ou seja, a realidade combina com as palavras. Assim, as pessoas que mantêm os compromissos

---

73. Lawrence M. Fisher, "*Fernando Flores Wants to Make You an Offer*", Strategy+Business, 24 nov. 2009. Disponível em: www.strategy-business.com/article/09406?gko=ce081.

74. Ibid.

75. COVEY, Stephen. *Os 7 hábitos das pessoas altamente eficazes: lições poderosas para a transformação pessoal*. Rio de Janeiro: Best Seller, 2014.

de forma consistente se autodenominam como pessoas confiáveis e desenvolvem reputações como pessoas íntegras.

Manter os compromissos cria real valor econômico e torna os indivíduos e as empresas nas quais eles trabalham mais valiosos. Nesse sentido, o valor de um compromisso depende do nível de confiança que se tem no cumprimento dele.

O valor de um compromisso depende do nível de confiança que se tem no cumprimento dele.

Em termos de capital humano, suponha que haja dois gestores de produção, idênticos, cada um ganhando cem mil dólares por ano, mas o Gestor A é cem por cento confiável no cumprimento dos compromissos e o Gestor B é apenas oitenta por cento confiável. O Gestor A garante que as vendas sempre recebam o mix de produtos acordado para os clientes. O Gestor B compromete-se a fornecer as vendas com o produto correto, o que teria resultado em um lucro de 25 mil dólares, mas, em um de seus dias não confiáveis, produz um produto defeituoso, que vende com um prejuízo de 35 mil dólares. A empresa poderia, de forma justa, ajustar os salários e pagar ao Gestor B menos de oitenta por cento do salário do Gestor A (em qualquer nível salarial). Esses vinte por cento de falta de confiabilidade já custaram à empresa mais de vinte mil dólares, isso significa, neste exemplo, sessenta mil dólares por um compromisso perdido. O aprendizado aqui? A falta de confiabilidade é profundamente onerosa. A confiabilidade é extraordinariamente valiosa.

O fato é que o custo de fazer negócios com pessoas íntegras e confiáveis é menor e, portanto, fazer negócios com tais indivíduos é mais lucrativo. Por outro lado, quanto mais lucrativo for fazer negócios com alguém, mais pessoas vão querer trabalhar com esses indivíduos, e mais oportunidades eles terão. É assim que o valor aumenta, tanto comercial quanto pessoal. Também é assim que indivíduos e empresas crescem.

O compromisso e a sua manutenção são habilidades críticas de autogestão e há uma história e pesquisa de boa-fé em torno desse conceito. Compromissos são atos de discurso afirmativos, têm estrutura e um ciclo de vida são um dos conceitos mais incompreendidos e disfuncionais na vida da maioria das organizações. Pense nisso: um grande problema em muitas (se não na maioria) organizações é que as pessoas podem ser descuidadas sobre a maneira como fazem e cumprem os compromissos, o que resulta em níveis insuficientes de confiança, frustração excessiva e grande desapontamento. A confiança flui da integridade comprovada, que flui da manutenção efetiva dos compromissos e da comunicação.

Na Morning Star, a manutenção do compromisso é um dos dois princípios fundamentais da autogestão, tornando-a pelo menos metade da base da governança empresarial. É um fator essencial de sucesso empresarial. É por isso que os compromissos são importantes.

Recrutamento, triagem e seleção de novos colaboradores

Trazer novas pessoas é uma implicação da autogestão que confunde muitos, mas não deveria. O objetivo aqui não é destruir todos os últimos vestígios do comando e controle convencional, mas encontrar e trazer talentos de uma forma que proporcione grandes resultados. Na autogestão, isso envolve um processo no qual aqueles mais próximos do trabalho têm a responsabilidade final de escolher seu colega de trabalho ideal. (Quem melhor para avaliar um candidato a eletricista do que outros eletricistas?). Ainda assim, isso não significa que não existem inúmeras maneiras de se fazer a prática de contratação, especialmente quando uma empresa está em fase de lançamento.

Olhando novamente para a Fresh Fill, por exemplo, Brian Rocha foi explícito quando disse: "Não vou extinguir imediatamente todo o comando e controle. Primeiro, eu vou fazer a coisa funcionar. Depois que tudo estiver funcionando bem e os vícios forem suavizados, eu vou entregar as rédeas a todos." Foi exatamente isso que ele fez, embora tenha abandonado muitas ideias primeiro. Todavia, Rocha viu esses passos iniciais de contratação como uma tarefa para o fundador. Depois disso, seu trabalho se tornou parte da rede, como o de qualquer outra pessoa.

Demitindo em uma organização autogerida

A demissão é uma implicação de autogestão que deixa muitos perplexos até perceberem que um processo verdadeiramente autogerido elimina complicações e repercussões comuns da demissão que ocorrem em um ambiente de trabalho mais convencional. É mais humano (embora certamente mais participativo) do que simplesmente anunciar "Você está despedido!".

Na verdadeira autogestão, a demissão é um processo de convite a se retirar que honra e respeita a dignidade e a voz de cada indivíduo na organização. Ninguém está sujeito aos caprichos de um superior; ninguém pode ser demitido de forma unilateral, arbitrária ou caprichosa por outro. O medo da rescisão injustificada desaparece, sendo substituído por um protocolo muito sério de um processo justo.

Esse processo se baseia na solicitação e resposta que é, de início, de um para o outro (de forma direta). Também envolve uma boa dose de ambiguidade: para dispensar um colega de trabalho, alguém deve ter a coragem de fazer a solicitação inicial a um outro, *sem saber como as coisas vão terminar*. Digamos que notei que o vigilante da empresa abandonou seu posto, deixando as instalações desprotegidas, anulando assim a apólice de seguro da empresa. Tal ação é inaceitável. Portanto, eu, como seu colega, posso lhe pedir que encerre seus serviços prestados à empresa (a solicitação). Ele pode concordar ou discordar (a resposta). De qualquer forma, a ambiguidade da situação pode ser desafiadora, pois não tenho ideia de como o vigilante reagirá. A solicitação também é confidencial, embora, na Morning Star, por exemplo, eu possa consultar um conselheiro confidencial (chamado de ombudsman), que é um colega designado para este fim, entre outros.

Caso o vigilante admita que foi negligente e concorde com sua demissão, podemos negociar as condições de sua saída, como duas semanas para que encontremos um substituto. Mas digamos que o vigilante recuse minha solicitação e discorde de mim. Passamos então a incluir um mediador, um colega com quem ambos concordamos e confiamos para ajudar a resolver diferentes pontos de vista. (Tudo no processo é negociável).

É importante ressaltar que não há status nesse processo: quem teve a iniciativa pode ser um mecânico, enquanto quem responde pode ser o *controller* financeiro da organização. Contudo, tal processo pode ser desafiador. As solicitações podem ser ousadas, mas quando as informações ou evidências são claras, o processo pode funcionar de forma eficaz e justa, porque é um resultado direto dos princípios fundamentais de uma organização autogerida direcionada ao respeito aos direitos individuais e à dignidade de todos. Em essência, o processo exclui o RH (e, portanto, a despersonalização) da equação e permite que as pessoas negociem por si mesmas.

O resultado nunca é garantido, mas o importante é manter o processo humano. Na Morning Star, uma vez chamamos o processo de Resolução de Conflitos; agora o chamamos de Acordo de Ganhos, que é mais sobre o que os humanos se esforçam para alcançar enquanto vivem ou trabalham com outros. Naturalmente, nenhum "processo" se aplica se uma pessoa tem uma arma em mãos, está intoxicada ou ameaça agredir outras pessoas, o bom senso requer uma ligação imediata para o número da emergência. A sociedade e o sistema legal nos impõem essa responsabilidade.

Incorporando a Inovação Ubíqua

Organizações autogeridas premiam pessoas que estão dispostas a inovar e melhorar onde quer que elas vejam uma oportunidade. Inovação — tão vital para uma empresa competitiva do século XXI — nasce da iniciativa e da imaginação. A tecnologia gerará oportunidades ilimitadas para os indivíduos criarem valor no século XXI por meio da realidade virtual, virtualidade realista, realidade aumentada e uma infinidade de outros caminhos que reorganizam o tempo, o espaço e a matéria de maneiras infinitamente imaginativas. (Leia sobre isto em *Infinite Possibility*, de Kim Korn, livro referenciado no Capítulo 2).

Nas empresas convencionais, a maioria das pessoas sabe exatamente de onde virão quaisquer avanços, em grande parte porque somente departamentos e indivíduos específicos são incumbidos da honra de levar a empresa adiante por meio da inovação. Mas em uma organização autogerida, a genialidade da inovação é liberada: novas ideias de produtos e serviços, e novos caminhos em torno dos obstáculos podem vir de qualquer pessoa, em qualquer lugar, a qualquer momento.

Durante gerações, os funcionários das burocracias tradicionais lamentaram o fato de não poderem expressar a profundidade e a amplitude de suas habilidades ao entrarem, saírem e só poderem fazer as tarefas que lhes eram atribuídas. Na autogestão, com cada indivíduo (não apenas alguns poucos) sendo encorajado a ajudar a impulsionar a empresa para o futuro, o potencial de vantagem competitiva é estatisticamente vasto.

Tomemos como exemplo a gigante chinesa de aparelhos, a Haier. De uma fabricante de refrigeradores fracassada, o CEO (o estrategista comercial visionário Zhang Ruimin) eliminou dez mil postos de gestão intermediária e criou uma plataforma de inovação gigante com mais de quatro mil equipes autogeridas (chamadas microempresas, ou MEs), muitas das quais utilizam o feedback direto do cliente para que as novas ideias girem da mesma forma que uma das lavadoras pulsantes da empresa gira a água. Seu objetivo? Fazer da Haier a empresa mais competitiva de seu tipo no mundo.

Muitas das equipes da Haier são unidades multidisciplinares, voltadas para o mercado, que trabalham incessantemente para atender às necessidades de uma base de clientes em rápida mudança, atendidas por microempresas de apoio (nó) que facilitam esse foco. Com o feedback de clientes que chegam às MEs a partir de aparelhos habilitados para internet em todo o mundo, as equipes da Haier têm liberdade para inovar. Algumas MEs se tornaram incubadoras de novos produtos e serviços. As MEs da Haier se expandiram para os videogames (Thunderobot), hospitais, pecuária e muito mais. A visão inovadora de Ruimin, que não conhece limites, tornou-se a *razão de ser da* Haier.

Como a empresa vê a inovação como a chave para o seu sucesso, ela desbloqueia a imaginação de seus colaboradores em toda a empresa.

Os resultados são impressionantes: a Haier é agora a marca número um em aparelhos no mundo, uma empresa que usa o Poder do Empowerment.

Renunciando à convencional tomada de decisão

Mais cedo ou mais tarde, surge o seguinte questionamento: quem toma as decisões e quem tem voz em uma empresa autogerida. E deveria, porque a autogestão exige a renúncia dos direitos de decisão de comando, bem como o controle e o retorno dessas decisões aos indivíduos mais próximos das tarefas em questão, isto é, aqueles que realizam o trabalho da empresa. Todos recebem um retorno.

A questão do direito de decisão é uma implicação que deve ser considerada desde cedo. Se você se lembrar da minha história sobre a empresa que estava imersa no processo de autogestão quando o CEO de repente se viu pressionado a abandonar toda a iniciativa, você pode perceber onde os direitos de decisão muitas vezes se encontram: na gestão intermediária. Isso porque a gerência intermediária é o estrato onde as pessoas dizem aos outros o que fazer, e estes gestores podem estar relutantes em renunciar a seu poder.

Ainda assim, a questão dos direitos de decisão não é uma questão que se refere apenas àquelas organizações burocraticamente arraigadas, as quais procuram se reorganizar como empresas autogeridas. Os direitos de decisão também são uma consideração séria para startups. Pense na Fresh Fill, por exemplo, em que o fundador da empresa, Brian Rocha, determinou que manteria os direitos de decisão durante o processo inicial de contratação e os renunciaria diretamente depois, para garantir um modelo de negócios verdadeiramente autogerenciado. Ou, considere que Bill Gore, da W.L. Gore, supervisionou uma organização amplamente autogerenciada enquanto mantinha direitos de decisão específicos para os líderes da empresa, assim como Zhang Ruimin, da Haier.

Hoje, a disrupção dos millennials no ambiente de trabalho global — uma geração de jovens que buscam sentido e propósito no trabalho — demonstra que mesmo em um setor vertical e protegido, como o setor financeiro, os funcionários podem nunca mais se submeter ao comando e controle direto. A internet reforçou essa disrupção ao tornar a informação prontamente disponível a todos; o que não se quer que os funcionários saibam não pode mais ser filtrado por meio de uma única burocracia ou estrutura hierárquica. Equipes virtuais, novos modos de auto-organização, desintermediação, além do Uber e do Airbnb e das mais novas tecnologias surgindo (blockchain, Bitcoin, inteligência artificial), só tornarão o comando e controle mais obsoleto, pois tudo isso, e mais, se alinha com a autogestão, assim como peças de um quebra-cabeças que se encaixam no lugar correto.

Sim, o processo decisório colaborativo e consultivo de autogestão pode ser mais envolvente do que os simples comandos de "apenas faça!" transmitidos nas burocracias organizacionais. No entanto, as decisões colaborativas tendem a ser *melhores* decisões, como argumenta o jornalista James Surowiecki em seu livro best-seller, *A sabedoria das multidões: por que muitos são mais inteligentes que alguns e como a inteligência coletiva pode transformar os negócios, a economia, a sociedade e as nações*[76]. É importante ressaltar que o desaparecimento dos direitos de decisão de comando e controle não significa que, na autogestão, cada pessoa tenha um veto sobre cada decisão. Isso não significa que as pessoas possam empatar a tomada de decisões. Mais que isso, a tomada de decisões é uma questão de ética e justiça na autogestão: significa que, na medida do possível, é preciso envolver as pessoas e incluí-las em coisas que vão afetar suas vidas profissionais. Para a empresa que se baseia no Poder do Empowerment, que conta com as melhores decisões possíveis, a tomada de decisão de forma colaborativa e consultiva também é autossuficiente. Considerando-se as decisões tomadas por indivíduos, a pergunta é: quem é a melhor pessoa para tomar esta decisão?

As decisões colaborativas tendem a ser ***melhores*** *decisões.*

Anéis de responsabilidade

Os "anéis de responsabilidade" referem-se a uma forma de visualizar a ideia de que, em uma organização autogerida, cada um é responsável por tudo, na medida em que ele ou ela toma consciência das questões. Nessa visualização, o anel primário é o domínio de trabalho de um indivíduo, ou seja, as funções que ele foi contratado para fazer. É para lá que é dirigida a concentração e o foco de um trabalhador, e para onde os colegas podem esperar que o indivíduo faça sua maior contribuição. Caso ele tome consciência de um

76. SUROWIECKI, *James. A sabedoria das multidões:* por que muitos são mais inteligentes que alguns e como a inteligência coletiva pode transformar os negócios, a economia, a sociedade e as nações. Rio de Janeiro: Record, 2006.

assunto fora de seu principal anel de compromisso, torna-se dono desse assunto e cabe a ele lidar com tal (daí, a estipulação da "linha de flutuação" de W.L. Gore na declaração de valor fundamental da empresa). Em uma organização autogerida, todos fazem parte do todo e todos são responsáveis perante o todo, bem como perante seus colegas em sua área de atuação acordada.

Morte à avaliação de desempenho

No mundo dos negócios convencionais, os gestores tradicionalmente olham para o passado para avaliar o desempenho dos funcionários em uma avaliação anual ou algo semelhante. Isso geralmente é feito em modo "sanduíche": os superiores contam a seus funcionários todas as coisas positivas perceptíveis nos meses anteriores, depois eles apresentam a lista do que foi negativo, apertam as mãos e esperam que suas instruções motivem os funcionários a trabalhar melhor. Desanimados após tal experiência, os avaliados raramente sentem-se motivados a melhorar.

A boa notícia é que a gestão de desempenho está mudando radicalmente, mesmo em algumas empresas convencionais, onde o foco está mudando para um processo voltado para o futuro, em vez de uma crítica voltada para o passado. Em sua busca para melhorar o equilíbrio entre trabalho e vida pessoal, a Deloitte, por exemplo (número 11 na lista das "Melhores Empresas para se Trabalhar" da *Fortune* de 2017), fez a transformação da avaliação anual para um feedback de desempenho oportuno e contínuo. E, com razão, pois as avaliações podem ser ponderadas, influenciadas por objetivos escusos e maculadas por toda uma constelação de males corporativos, como a retenção de títulos, remuneração e gratificações. Por todas essas e outras razões, a avaliação anual de desempenho deve morrer.

Na autogestão, simplesmente não há necessidade de um processo de avaliação burocrático e pesado. Em qualquer espaço de tempo, os colaboradores saberão exatamente quem é importante para o sucesso do trabalho da equipe, e quem não é. A autogestão é essencialmente um processo de autogestão e autopromoção em que aqueles que são apaixonados e comprometidos com seu trabalho têm sucesso e progridem, e aqueles que ficam flagrantemente aquém, não

Nós podemos aprender com a Deloitte, que reduziu seu processo de avaliação de desempenho a quatro itens simples:

1. Dado o que sei sobre o desempenho desta pessoa, e se fosse meu dinheiro, eu concederia a esta pessoa o maior aumento de remuneração e bônus possível.
2. Dado o que sei sobre o desempenho desta pessoa, eu sempre desejaria ter essa pessoa em minha equipe.
3. Esta pessoa está em risco por conta de seu baixo desempenho.
4. Esta pessoa está pronta para ser promovida hoje[77].

O processo é voltado para o futuro porque os membros da equipe, em última instância, se perguntam: *Eu gostaria de ter essa pessoa na minha equipe no futuro?* Se não, os colegas de trabalho podem incentivar seu colega a melhorar seu desempenho ou então encontrar algo que se ajuste melhor a ele.

Gerenciando conflitos e diferenças

Em uma organização convencional, os trabalhadores podem reclamar para um gestor ou supervisor. Mas como serão resolvidas as diferenças em um ambiente de trabalho autogerido? Em tal ambiente, não existe disciplina de funcionários, pois isso implicaria que existe um superior em algum lugar para resolvê-la ou a existência de coerção, porém ambos inexistem em um ambiente de trabalho autogerenciado.

---

77. Jena McGregor, "*What If You Could Replace Performance Evaluations with Four Simple Questions?*", The Washington Post, 17 mar. 2015.

Como em muitas das implicações que descrevemos, para resolver diferenças, a autogestão exige uma ação proativa da parte de *todos*, embora existam várias maneiras de lidar com situações desconfortáveis em vez de apenas tolerá-las. Uma organização pode, por exemplo, oferecer treinamento em gestão de conflitos a todos os seus trabalhadores. Na autogestão, há um poderoso incentivo para tomar a iniciativa e lidar com os problemas de forma direta e justa. No entanto, como a Morning Star faz, uma organização pode fazer uso de um processo de ombudsman, no qual os colegas recebem conselhos confidenciais antes de lidar com as questões um a um. Os colaboradores podem também assumir a responsabilidade de solicitar que um colega de trabalho amplie suas habilidades de gestão de conflitos para resolver um problema de forma oportuna. Se a discussão privada não resolver uma diferença, um processo de mediação com um mediador terceirizado pode ser iniciado, ou um painel de pares acordado pode ser convocado para ajudar a decidir uma questão conflituosa.

A questão é que o processo que sua organização escolher funcionará conforme seus funcionários se empenharem para torná-lo eficaz. Fora do ambiente de trabalho, os indivíduos lidam com tais questões o tempo todo, por exemplo, se devem abordar diretamente alguém com um problema. Por fim, as opções em torno da gestão de conflitos são escolhas de *valor*: Os benefícios de buscar uma ação de autogestão de conflitos superam os desafios de deixar as pessoas se comportarem de maneiras que não são congruentes com uma autogestão eficaz e ética?

Orçamento dinâmico vs. orçamento tradicional

As organizações autogeridas devem pensar além dos processos tradicionais de orçamentos, que se dão de forma cíclica. Na autogestão, o processo formal de aprovação de orçamento inerente a uma organização convencional se torna muito mais orgânico e dinâmico. Como a coisa viva e crescente que é, a empresa autogerida sabe quando precisa de sustento e para quê. Fundos e recursos não precisam ser alocados de maneira automática e em qualquer lugar; cortes não precisam ser feitos a fim de tornar os números alinhados; as variações não precisam ser submetidas a um estudo microscópico. Os requisitos são avaliados apenas de acordo com a necessidade por aqueles mais estreitamente associados a eles, pelos pares afetados pelas decisões e por aqueles com amplo escopo de entendimento comercial e responsabilidade pelos processos estratégicos e financeiros. Tarefas, processos e iniciativas que são imperativos requerem recursos, já os que não o são, não precisam deles. Juntos, os colaboradores determinam o que está no meio, e como esses itens devem ser financiados.

Os autogestores analisam os números pelo menos mensalmente, e projetam anos no futuro com o objetivo de proporcionar clareza sobre a situação financeira de uma organização, não importa o momento. A *Beyond Budget Round Table* está liderando a cobrança em todo o mundo para substituir os processos orçamentários tradicionais por orçamentos dinâmicos, baseados em eventos e nas necessidades de negócios em tempo real. Isso não significa dizer que os números não sejam importantes — pelo contrário, eles são de suma importância. Todavia, os processos numéricos devem servir ao negócio, e não o inverso.

Trabalho como Diversão

Minha implicação favorita de autogestão é aquela que Chris Rufer sugeriu pela primeira vez a nós, seus primeiros membros de equipe, quando nos apresentou a ideia de autogestão: que o trabalho deve ser *divertido*. Nesse sentido, ele nos disse que saberia que as pessoas estavam gostando de seu trabalho quando pudesse vê-los sorrindo. Rufer seguiu descrevendo sua filosofia de trabalho como uma aventura dinâmica — um jogo em que coisas empolgantes e de expansão empresarial acontecem diariamente, ajudando colegas a guiar com sucesso sua empresa para o futuro[78]. Na verdade, a noção de trabalho como diversão tornou-se tão integrante em tantos dos negócios autogeridos de hoje, que os funcionários rotineiramente estipulam a diversão como um valor fundamental da empresa, no que tange à identificação de princípios. Desse modo, a Zappos não é a única a listar a diversão entre seus principais valores fundamentais, e a Morning Star é tão conhecida pelo amor de seus colaboradores pela diversão, que foi citada no livro *Different Work: Moving from I Should to I Love My Work*, de Lori Kane e Bas de Baar[79].

Educação em autogestão objetivando a sustentabilidade

Se você diz que, em um ambiente de trabalho autogerido todos são gestores, então a implicação é que se *espera* que as pessoas sejam capazes de gerir a si mesmas naquele ambiente comercial. Mas tal prática pode se tornar injusta, caso não sejam fornecidas assistência e educação em determinadas áreas. Uma maneira de ampliar as habilidades de autogestão que as pessoas podem já possuir, é ajudá-las a desenvolver o conhecimento nos negócios, o que requer educação empresarial. Esse tipo de conhecimento também serve para ajudar a autogestão a se sustentar e se perpetuar à medida que novas contratações chegam, bem como as pessoas se movimentam na rede de equipes e funções, conforme necessário.

Na Morning Star, criamos um miniprograma de MBA, que consiste em aproximadamente cem horas de trabalho de curso projetado para fornecer às pessoas habilidades em diversas

78. COONRADT, Charles. *The Game of Work: How to Enjoy Work as Much as Play*. Layton, UT: Gibbs- Smith, 2012.

79. KANE, Lori; BAAR, Bas de. *Different Work: Moving from I Should to I Love My Work*. Seattle: Amazon Digital Services, 2012.

disciplinas de gestão: planejamento, organização, controle (no sentido financeiro), seleção e coordenação. Havia módulos de estratégia para planejamento, educação financeira para controle e melhoria dos processos de negócios direcionadas à coordenação. Também criamos módulos em habilidades de negócios gerais para trabalho em equipe, liderança, comunicação, negociação e mediação, além de um sobre entrevistas eficazes.

Asseguramos que a educação fosse oferecida de forma a honrar a autogestão e o compromisso dos colaboradores de serem autogestores eficazes no ambiente da Morning Star. Entendendo que nossos colaboradores já eram gestores em suas próprias vidas, projetamos a experiência educacional para *aumentar* essas habilidades de gestão, para ajudá-los a serem autogestores bem-sucedidos também no ambiente de trabalho comercial. Foi impressionante observar mecânicos, motoristas de empilhadeiras e vendedores aprenderem sobre cálculo de ROI, débitos e créditos, negociação e entrevistas efetivas. Quando aprenderam a estratégia, vale dizer, não só com enfoque nos negócios, mas também na formulação de uma estratégia para toda a vida, de forma holística. Qualquer um dos graduados do mini MBA foi preparado com o conhecimento necessário para iniciar seu próprio pequeno negócio de sucesso. Mais que isso, eles estavam preparados para usar essas habilidades no trabalho. Esse é o poder de uma organização que aprende.

A tecnologia será um componente importante da educação para a autogestão no ambiente de trabalho do futuro. Tony Bingham, CEO e presidente da Associação para o Desenvolvimento de Talentos (ATD, antiga ASTD), diz: "As implicações (das novas tecnologias) para a profissão de desenvolvimento de talentos são enormes. Estamos posicionados de forma única em organizações focados em identificar lacunas de habilidades, na criação de planos e programas para lidar com elas, bem como na identificação do que é necessário para ser competitivo". Como profissão, devemos ser diligentes em entender como a tecnologia impacta o trabalho em nossas organizações, de modo a possibilitar e a capacitar o valor único que os seres humanos oferecem na criação de culturas ágeis e mutáveis"[80].

O *adaptive learning*, o uso de plataformas de inteligência artificial para personalizar proativamente a entrega de conteúdo para alunos, é um dos tópicos mais relevantes em desenvolvimento nos dias de hoje. Outro tópico relevante desse nicho é o *microlearning*, que é a entrega de suporte contextual e conteúdo na forma de uma plataforma neutra, que os colaboradores fazem uso quando precisam de ajuda para fazer uma determinada tarefa no trabalho (a especialista em microaprendizado, Shannon Tipton o define como "pequenas explosões específicas de conteúdo do tamanho certo, cujo foco se volta para o problema que estamos tentando resolver")[81].

O aprendizado relevante, que nunca cessa, fomenta a empresa focada no Poder do Empowerment e sustentável do futuro.

---

80. Tony Bingham, "*The Future of Learning Influences the Future of Work*", ADT Tech-Knowledge, 31 out. 2018. Disponível em: <https://techknowledge.td.org/insights/the-future-of-learning-influences-the-future-of-work?_ga=2.109846853.1343798032.1544659067-2079249097.1543518429>.

81. Shannon Tipton, "*Interview with 'the Queen of Microlearning*'" Shannon Tipton", entrevista de Ger Driesen, aNewSpring, 4 jan. 2018. Disponível em: <www.vimeo.com/249711484>.

CAPÍTULO 9

DEFENDENDO A AUTOGESTÃO

A alegria não simplesmente acontece conosco. Temos que optar pela alegria e continuar trabalhando nela todos os dias.

— HENRI NOUWEN, PADRE CATÓLICO HOLANDÊS, PROFESSOR, ESCRITOR E TEÓLOGO

VOCÊ, O LÍDER DA EMPRESA ou membro da equipe de liderança, dedicou tempo e reflexão à ideia de autogestão em seu ambiente de trabalho. Talvez você tenha lido sobre o que poderia colocar em ação, participado de conferências ou webinars, rejeitou alguns pensamentos iniciais de outros, lutou com a noção radical de abandonar o centenário comando e controle, e questionou em voz alta sobre a disrupção dos millennials no mundo dos negócios de hoje. Ou, ao ler *O poder do empowerment: desburocratizar, dar autonomia às equipes e ter resultados exponenciais*, este foi o primeiro contato que você teve com a noção de autogestão. De toda forma, não importa: há muito tempo você tem uma sensação profunda e permanente de que o ambiente de trabalho é ultrapassado, que muitas pessoas passam a vida trabalhando sem alegria para receber um salário que depois usarão para pagar as parcelas da casa e do carro ou algo do tipo. Já há algum tempo, você suspeita que a capacidade de sua empresa de subir no mercado nacional ou global está atrelada a convenções antigas, quando poderia se ver livre para conseguir quase tudo.

Você está pronto para compartilhar o que pensa e sabe. Você está pronto para defender a autogestão.

Preparando o caso: quem deve ser envolvido?

Quando um líder empresarial começa a considerar a autogestão para sua organização, não há nada que dite quem precisa ser envolvido nos estágios iniciais desse processo de consideração. Como discutimos anteriormente, o proprietário ou líder da empresa pode ter coletado informações sobre autogestão por algum tempo; pode ter autoavaliado princípios e filosofias, tanto pessoais, quanto empresariais; pode ter lido conteúdos úteis e participado de conferências (ou pode ter enviado emissários para coletar tais informações em seu nome). Na verdade, não é raro que toda a ideia de autogestão provenha primeiro de outro indivíduo da equipe de liderança e seja levada ao topo da empresa para consideração.

Em algum momento, entretanto, o líder da empresa vai querer buscar reações, feedback, impressões, conselhos e argumentos de colegas sêniores confiáveis ou respeitados, stakeholders, conselheiros pessoais e influenciadores-chave que serão mais úteis para ampliar o círculo de informações. Dito isto, esse tipo de comunicação é uma arte, não uma ciência, e não há diretrizes centrais e fixas para servir de guia.

Em meu primeiro livro sobre autogestão, *Beyond Empowerment*, "Todd" (meu protagonista fictício, CEO da BerryWay) consultou uma variedade de consultores que fazia mais sentido para ele quando estava prestes a fundar sua empresa. Na verdade, foi um dos amigos de Todd que sugeriu originalmente que ele criasse um conselho consultivo de mentores de confiança para aconselhá-lo sobre questões cruciais em geral, mas de uma maneira informal e útil. Enquanto ele estava construindo suas instalações de processamento e pensando em como seria sua estrutura organizacional, Todd pediu a três indivíduos que atuassem como seu painel consultivo informal: seu principal mentor, o projetista dos principais equipamentos de sua empresa e o vice-presidente de operações de um grande distribuidor, que era um cliente de longa data de Todd. Todos os três concordaram e ficaram entusiasmados, além de felizes por estarem ajudando alguém de quem gostavam e respeitavam, assim como ficaram satisfeitos com a oportunidade de estarem envolvidos em uma das maiores startups de manufatura da área em mais de uma década. Esses indivíduos foram indispensáveis durante a busca inicial por posições-chave na organização. Eles também serviram como caixas de ressonância para as ideias de Todd sobre autogestão.

Claramente, para o líder de uma startup, um painel consultivo eficaz pode ser formado por membros de qualquer lugar: a indústria em geral; amigos e familiares do líder; conhecidos, bem como mentores experientes e informados; especialistas em operações-chave; e muito mais. O líder de uma organização existente que está considerando uma transição para a autogestão pode, no entanto, enfrentar maiores desafios, já que ele ou ela procura por aqueles que serão mais úteis (e menos prejudiciais) para uma iniciativa de mudança. Nessa situação, é importante olhar para as partes interessadas — aquelas que serão impactadas pela mudança — e, ainda mais importante, escolher a equipe inicial. Isso porque um líder empresarial convicto sobre uma transição para a autogestão logo precisará que a mensagem seja levada às pessoas. Se as primeiras partes interessadas (gerência sênior ou não) não aderirem, então tal iniciativa pode ser impossibilitada antes mesmo de ter a chance de criar raízes e brotar. Eventualmente, stakeholders que não se animam com a proposta de mudança poderão ser encontrados, e o objetivo será persuadi-los a, ao menos, experimentar o conceito de autogestão.

Um consultor pode ajudar você a fazer sua defesa

Um consultor de autogestão organizacional pode ajudar na elaboração de casos de negócio, avaliação organizacional, ensino das práticas, bem como pode ajudar na implementação em vários momentos do processo. Não há momento certo ou errado para chamar a cavalaria de autogestão.

Um consultor de autogestão organizacional pode ajudar na elaboração de casos de negócio, avaliação organizacional, ensino das práticas, bem como pode ajudar na implementação em vários momentos do processo.

Fui contatado muito cedo, quando um líder empresarial tinha acabado de ouvir falar sobre o conceito de autogestão por meio de um conhecido de negócios, em uma conferência ou durante um seminário ou webinar, ou lendo livros ou pela mídia. Intrigado, o indivíduo vai querer saber mais e pode chegar a marcar uma conferência remota ou reunião presencial, individual ou com membros da equipe de liderança. Por outro lado, alguns líderes e instituições só querem uma sessão de aprendizagem de autogestão ou uma masterclass. Alguns requerem assistência na implementação ou no design de experimentos. Outras empresas estão buscando contato periódico por telefone ou on-line, conforme necessário, para a solução de problemas.

Certamente, nas grandes empresas que procuram reorganizar uma estrutura organizacional de grande porte (especialmente onde pode haver reconfiguração ou eliminação de cargos de gestão intermediária), é necessário muita reflexão e planejamento para facilitar o processo. As empresas nesta posição muitas vezes consideram a assistência de um consultor inestimável, uma vez que eles fazem a defesa para os vários níveis ou anéis de partes interessadas. A experiência que um consultor traz à mesa — especialmente com questões como os principais influenciadores ou resistência à mudança, por exemplo — pode ser inestimável desde cedo e pode ajudar a garantir que a iniciativa não seja tumultuada por problemas ou encerrada no meio do caminho.

Os consultores também têm à sua disposição ferramentas, tais como mapeadores de redes organizacionais, que podem ajudar a desbloquear as identidades das pessoas-chave da organização, as quais podem possibilitar ou impossibilitar o processo. Muitas vezes, essas são ferramentas pagas, mas mesmo aquelas mais acessíveis (OrgMapper, OrgNet e a Net-Map Toolbox, usada pelo Banco Mundial para ajudar no desenvolvimento de países do terceiro mundo) podem exigir treinamento e conhecimentos que poucas pessoas possuem.

O pano de fundo contextual que um consultor de autogestão traz à mesa, sem mencionar o know-how para prever bloqueios (e as antenas para detectá-los), pode ajudar qualquer equipe de liderança a progredir por meio de sua iniciativa sem problemas. Mesmo no início, o consultor pode ajudar essa equipe a "vender" sua defesa de autogestão à força de trabalho em círculos cada vez mais amplos. Como o universo de consultores de gestão é vasto, porém o círculo dos que são focados *especificamente* na autogestão organizacional é limitado, é essencial procurar especialistas, não generalistas. Se você não tem recomendações pessoais de outros que trabalharam com consultores de autogestão, então pode ser útil iniciar sua busca por meio das mídias sociais, de artigos ou de livros escritos por aqueles focados em autogestão ou pesquisar conferências, webinars e seminários nos quais eles falem. Uma busca no Google por "autogestão no ambiente de trabalho", por exemplo, traz inúmeros pontos de entrada para a especialização em consultoria de autogestão.

Vendendo os passos iniciais

Sim, houve organizações que mudaram suas empresas organizadas de forma mais convencional "por inteiro" para novas estruturas de governança. A Zappos vem imediatamente à mente, com o pronunciamento, de 2013, do seu CEO, Tony Hsieh, sobre a mudança surpreendente da empresa. A recente cobertura da mídia deixou claro que o movimento empresarial da Zappos em direção ao lado certo do continuum gerou alguns problemas para a varejista on-line. Alguns desses desafios foram sem dúvida criados pela enorme mudança, já que se criou a expectativa que todas as áreas da empresa se alinhassem com a iniciativa.

O desafio de implementação que a Zappos experimentou é um medo primordial para a maioria dos líderes e forças de trabalho, considerando uma mudança para a autogestão ou até mesmo para uma estrutura de governança mais interligada. Qualquer pessoa que tente "vender" internamente o conceito de autogestão, por exemplo, certamente enfrentará tais medos. Irônico, já que não é necessário fazer uma mudança "por inteiro".

Se começarmos com a proposta de que nenhuma empresa precisa ou quer o caos, e que ela não deve tolerar o caos, uma abordagem completamente legítima é a de mover áreas menores ou bem definidas para a direita do continuum, uma ou duas partes de cada vez. As vantagens dessa abordagem em etapas são muitas e incluem um melhor discernimento de reações negativas e oposições veladas; mais tempo para conversas inclusivas e de alta qualidade, melhor gestão da iniciativa como um todo; e, não menos importante, uma forma infinitamente mais inteligente de conseguir sucesso no mercado, antes de trazer, um por um, outros departamentos ou divisões da empresa a bordo. Stephenie Gloden e sua equipe, na Universidade de Phoenix, provou que é possível criar uma nova e eficaz ilha de autogestão em um oceano de hierarquia tradicional.

Mesmo no caso de uma pequena e totalmente inovadora startup, como a loja de conveniência Fresh Fill (Los Banos, Califórnia), o CEO Brian Rocha empregou a ideia de passos iniciais para garantir o sucesso de seu lançamento. Ciente de que tantos aspectos de sua loja conceitual não seriam testados, ele optou por controlar o processo inicial de contratação de forma mais convencional, optando por liberar o controle desse processo gradualmente, depois de ter a certeza de criar uma sólida plataforma de força de trabalho a partir da qual ele poderia progredir. Sim, ele poderia ter colocado uma equipe de liderança central no lugar e imediatamente entregado as funções de recrutamento e contratação. Mas como ele sabia que cada contratação seria a "cara da empresa para o cliente", ele entendeu que cada uma seria vital para o sucesso e poderia até mesmo precisar ser revista rapidamente. Quando se tratava de contratar pessoal para o lançamento de sua empresa autogerida, alguns pontos de partida estavam definitivamente no lugar.

A maioria das mudanças revolucionárias ao longo da história foi, de fato, forjada por meio de pequenos, embora firmes, passos em frente. Curiosamente, como estamos falando aqui de afastar as organizações burocráticas da "escravidão no trabalho" e colocá-las em direção à liberdade de autodeterminação, colaboração e total responsabilidade, não posso deixar de pensar nos muitos e díspares passos que foram necessários para direcionar uma nação inteira da escravidão para a liberdade. De fato, a abolição veio à tona pela primeira vez já no final dos anos 1600, quando os quakers, na Pensilvânia e Nova Jersey, começaram a se reunir para discutir a escravidão e sua incompatibilidade com os seus princípios. O movimento se espalhou por toda a população quaker ao longo das décadas, enquanto as pessoas liam, estudavam e discutiam as questões.

A maioria das mudanças revolucionárias ao longo da história foi, de fato, forjada por meio de pequenos, embora firmes, passos em frente.

Eventualmente, os quakers concluíram que a escravidão era errada e imoral e precisava ser combatida; a ideia de abolição então criou raízes e tornou-se um grito de batalha. No entanto, tudo começou com pequenos passos para mudar as mentes e abrir novos caminhos.

Quando você se propuser a fazer sua própria defesa contra a "escravidão" no ambiente de trabalho e em apoio a uma empresa mais feliz, mais apaixonada e produtiva para todos, mantenha o conceito de ponto de partida proeminente no diálogo.

Comece aqui: vinte pontos de defesa

Há inúmeros benefícios para a autogestão em contraposição à burocracia, como vimos ao longo deste livro, e eles vão desde o genuíno altruísmo (melhorar e enriquecer a vida de cada stakeholder de sua empresa e tornar o mundo um lugar melhor para todos) até o total autosserviço (criar uma empresa cujos limites de sucesso são praticamente ilimitados). Alguns dos pontos que você sem dúvida gostaria de apresentar ao fazer sua defesa incluem, mas não se limitam a:

1. **A burocracia (comando e controle) está fora de sincronia com** o ambiente de trabalho do século XXI e está irremediavelmente ultrapassada. As hierarquias burocráticas não serão capazes de competir em um mundo que muda tão rapidamente quanto o nosso mundo atual. A quantidade de energia e tempo necessários apenas para manter o comando, o controle e a gestão burocrática em ordem não será sustentável no futuro. O mundo dos negócios pertencerá às empresas mais ágeis e flexíveis, com ambientes de trabalho que se autoperpetuam e são naturalmente organizados, que incentivam o comprometimento, a colaboração e a inovação em todos os cantos da empresa.

2. **A burocracia sem sentido é um desperdício de vida humana.** As horas da vida de um indivíduo são o único

recurso que é completamente não renovável. Além das implicações éticas e morais de desperdiçar uma vida, a burocracia consome tempo e energia dos funcionários que poderiam ser disponibilizados para coisas que *importam*, inclusive serem produtivos, de forma apaixonada, no sentido de buscar uma missão empresarial e sua felicidade pessoal.

3. **Os seres humanos ainda são "escravizados" no trabalho**, embora a escravidão tenha sido banida no mundo ocidental há mais de um século. Além do desperdício de vida humana que tais ambientes opressores exigem, e, considerando que poucos millennials aceitarão fazer parte de tais ambientes hoje em dia, não é hora de acabar com a escravidão virtual no ambiente de trabalho? Não está na hora de libertar o ambiente de trabalho da burocracia e prepará-lo melhor para o futuro que agora enfrentamos?

4. **A organização Gallup informou que 67 por cento** dos trabalhadores no ambiente de trabalho nos EUA não estão engajados com sua organização, com até 16 por cento desses trabalhadores minando ativamente a organização por meio de insubordinação, fofocas, disseminado mensagens negativas nas redes sociais, absenteísmo e até mesmo sabotagem[82]. O custo da falta de engajamento aproxima-se de meio *trilhão* de dólares em produção perdida a cada ano[83]. As organizações autogeridas não têm tantas dificuldades com essas questões de falta de engajamento porque os trabalhadores negociam suas próprias missões comerciais pessoais alinhadas com a missão da empresa. Os trabalhadores autogerenciados não são obrigados a trabalhar; eles criam seus próprios termos de engajamento em seu trabalho. Isso é chamado de exercício do livre-arbítrio.

---

82. "*State of the American Workplace*", Gallup, 2017.

83. Ibid.

5. **A falta de engajamento respinga nos clientes.** Quando as empresas não se importam com os trabalhadores, eles não se importam com a empresa. Cada vez mais, a insatisfação dos funcionários está chegando ao nível do consumidor e afetando a percepção do cliente sobre a empresa, sua satisfação e, em última instância, a competitividade da organização no mercado. A falta de engajamento dos funcionários em todos os momentos representa uma ameaça muito real à viabilidade de uma empresa.

6. **Os seres humanos não se resumem a "horas-homem" ou a "recursos humanos"**. Empresas, incluindo a Amazon e a Disney, têm sofrido censura e críticas da imprensa por conta de métricas de desempenho que ditam níveis brutais de velocidade de execução no ambiente de trabalho (o legado da gestão científica de Taylor)[84]. Por meio da internet, as práticas de gestão de funcionários das empresas estão agora abertas à opinião pública e ao clamor popular, à ação legal e à reação dos acionistas.

7. **As pessoas naturalmente se autogerenciam em suas vidas cotidianas** e são capazes do mesmo tipo de auto-organização em benefício da missão empresarial e de suas próprias missões comerciais pessoais.

8. **Quando as pessoas amam o que fazem,** esse amor é compartilhado com o cliente e com o mundo em geral.

9. **Os seres humanos naturalmente buscam explorar e inovar**. Reprimir ou manipular o ser humano no ambiente de trabalho não só é um desperdício de vida humana, mas, paradoxalmente, também é contraproducente para a missão

84. Charlie Parker e Brittany Vonow, "*Warehouse of Horrors: Amazon Warehouse Life 'Revealed with Timed Toilet Breaks and Workers Sleeping on their Feet*", The Sun, 27 nov. 2017.

e os objetivos da empresa. Quando a inovação pode vir de todo e qualquer lugar, a empresa não conhece limites para o sucesso (uma empresa baseada no Poder do Empowerment).

10. **Capacitar as pessoas ainda é manter o controle sobre elas**; liberar as pessoas para operarem de maneira responsável, sob seu próprio poder, beneficia tanto a empresa quanto o mundo em geral, pois os trabalhadores estendem esses comportamentos positivos para além do ambiente de trabalho. É o que se chama de "maturidade organizacional".

11. **As empresas têm alocado incontáveis horas e dinheiro em soluções de gestão de funcionários** que não seriam necessárias se não fossem as regras burocráticas no ambiente de trabalho (tais como avaliações anuais de desempenho). A remoção dessas questões libera a empresa para se tornar mais flexível, ágil e competitiva — uma empresa baseada no Poder do Empowerment!

12. **As empresas costumam pagar, involuntariamente, enormes somas de dinheiro anualmente** — uma "tarifa de gestão" indiscutível — por seus níveis supérfluos de gestores. Quando as pessoas se tornam livres para gerir a si mesmas, esse montante pode ir diretamente para o avanço da empresa e de suas partes interessadas.

13. **Níveis desnecessários de gestão geram males no ambiente de trabalho,** como disputa de poder e manobras políticas que não servem à empresa ou à força de trabalho, mas produzem a necessidade de cada vez mais níveis de gestão e controle.

14. **Os millennials estão rompendo com os modelos convencionais de emprego** e forçando os setores mais robustos e burocráticos, como bancos de investimento, a lutar por melhores soluções de recrutamento, contratação, integração

e retenção. Os millennials não estão dispostos a aderir aos ambientes de trabalho convencionais, que possuem um equilíbrio limitado entre trabalho e vida pessoal. A realidade é que a força de trabalho dos baby boomers está desaparecendo e sendo substituída por pessoas com expectativas totalmente diferentes, que não se deixarão afetar por uma estrutura de comando e controle. A recusa em aceitar essa realidade equivale a forçar a pessoa que nunca viu um telefone de disco a confiar em um.

15. À medida que a mão de obra barata se torna mais escassa devido à reforma migratória, será cada vez mais importante ser capaz de atrair talentos de autogestão para o ambiente de trabalho, eliminando, assim, níveis supérfluos e dispendiosos de gestão (a "tarifa de gestão"), o que, por consequência, irá engajar e reter trabalhadores. Além disso, medidas mais antiquadas de redução de custos se revelarão de curto prazo.

16. **Seguir vs. liderar em um mercado em rápida evolução.** As empresas que costumavam manter suas posições na *Fortune 500* por décadas, estão agora perdendo terreno ou saindo da lista em questão de poucos anos. Outras empresas e setores industriais inteiros estão enfrentando o fim de sua viabilidade (Sears, Kmart, JCPenney; todo o grande setor de varejo de lojas físicas), ou, então, estão passando por uma aquisição. Mesmo as desintermediadoras Uber, Lyft e Airbnb poderão em breve ser desintermediadas pela tecnologia blockchain, permitindo transações contratuais diretas entre indivíduos que fornecem bens e serviços. As empresas visionárias enxergando o futuro liderarão seus grupos; seguidores sem visão podem ser as inflexíveis e obsoletas Kodaks de amanhã[85].

17. **Quando a empresa visa servir a *todas* as partes interessadas,**

85. Para saber mais sobre o futuro do trabalho, veja "Bem-vindo a um futuro projetado para a autogestão: 11 catalisadores" no Capítulo 3.

os clientes são os beneficiários, pois eles recebem o verdadeiro valor a um preço justo. Servir os clientes às custas de todas as outras partes interessadas (por exemplo, os trabalhadores) eventualmente corrói o valor dos produtos e serviços e faz com que os clientes percebam o mercado de forma irrealista.

18. **Em uma organização autogerida, não há chefes designados porque há chefes *em todos os lugares*.** Não há necessidade de superiores exigirem ou incentivarem a prestação de contas, porque cada um é responsável por sua própria missão comercial pessoal e, portanto, cada um é responsável perante todos os outros e perante a própria empresa.

19. **Em uma organização autogerida, não há necessidade de projetar e manter canais verticais de comunicação**; pois ela ocorre, de forma natural, em toda a rede de organização orgânica, conforme necessário, para a colaboração, transmitindo informações de desempenho, compartilhando indicadores e oportunidades de mercado e muito mais. Uma organização autogerenciada é autossustentável.

20. **A autogestão não é apenas para empresas pequenas e progressistas.** Todas as empresas — locais, globais, complexas ou grandes — são compostas por indivíduos encarregados de executar bem seus trabalhos e de serem responsáveis pelos resultados esperados. Seja a internacionalmente elogiada W.L. Gore; a reformulada Haier Group (que foi "do lixo ao luxo"); o conglomerado brasileiro, que foi auto-organizado de forma radical, Semco Partners; a pioneira empresa de saúde liderada por enfermeiras, Buurtzorg; o marcador de reuniões on-line, Meetup; ou um novo modelo de loja de conveniência local como a Fresh Fill; a autogestão funciona, e pode funcionar muito bem. Aqueles que insistem que a Morning Star Company, por exemplo, apenas "processa tomates" estão

fechando os olhos para a presença de matemáticos, químicos e engenheiros de processos térmicos trabalhando arduamente em um ambiente complexo sob o escrutínio de 45 a cinquenta agências reguladoras. A Morning Star, como a maioria das grandes empresas, mantém múltiplas unidades lógicas de negócios. Elas são ágeis, fluidas e adaptáveis, não rigidamente imutáveis e burocráticas. Seu propósito é melhorar o aprendizado compartilhado, criar foco de execução e impulsionar o pensamento econômico, a tomada de decisões e a prestação de contas. Uma implementação maior ou mais complexa de autogestão pode levar mais tempo e ser mais detalhada, mas o tamanho e a complexidade não são barreiras inerentes à sua implementação, mas são, simplesmente, desafios a serem enfrentados.

CAPÍTULO 10

TRAZENDO A AUTOGESTÃO À VIDA: 12 COMPONENTES DO MUNDO REAL

Eu realmente acredito que trabalhar em conjunto funciona e isso é incrível para mim.

— Alan Mulally, ex-presidente e CEO da Ford Motor Company

TALVEZ VOCÊ SUPONHA que a simplicidade da autogestão exija etapas complexas de implementação, endossadas oficialmente pelas autoridades de autogestão, ou pelos vastos softwares pagos para permitir um esquema organizacional mais progressivo (mais plano).

Pelo contrário: a autogestão holística não requer etapas de implementação rígidas e complicadas. No entanto, requer um processo de implementação cuidadoso, planejado de forma limpa e comunicado com clareza, além de uma administração vigilante para evitar que ele volte às muitas marcas contraproducentes da burocracia.

O fato é que existem muitas maneiras de implementar a autogestão, e nós discutimos uma série de abordagens gerais, por exemplo, implantações adicionais.

Vale ressaltar que o importante é atingir os objetivos fundamentais da autogestão. É por isso que este livro tem se concentrado amplamente nas razões da autogestão, o que a faz funcionar tão bem, como torna uma verdadeira empresa baseada no Poder do Empowerment possível, e como pode ajudar a mudar nossas vidas e o mundo em que vivemos, atingindo um ambiente de trabalho de cada vez.

12 Componentes da implementação

Os componentes da implementação da autogestão, e nós oferecemos 12 deles aqui, não são, como eu disse, fixos. São ideias e sugestões. Depois de ler os Capítulos 1 a 9, estas etapas lhe parecerão lógicas, talvez até simplistas, pois você já se familiarizou bem com os processos de pensamento e autoavaliação que estão por trás delas. Nossas discussões, ao longo do tempo, também demonstraram como vários líderes empresariais escolheram — por seus próprios motivos — modificar esses componentes. Eles os modificam para os setores em que seus negócios estão, seus conjuntos de talentos, suas localizações físicas na nação e no mundo, suas ofertas de produtos/serviços e sua base de clientes, e de acordo com sua própria missão e filosofias empresariais.

Alguns líderes empresariais, por exemplo, optaram por contratar antecipadamente a assistência de consultores para o treinamento da equipe de liderança. Outros optaram pela ajuda de consultores mais tarde, pelo apoio à implementação ou apenas por consultas periódicas. Um dono de empresa optou por manter o controle do processo inicial de contratação de mão de obra, outro optou por abandonar essa função na primeira oportunidade e, em seguida, unir-se ao nível de seus colegas.

O essencial aqui é atentar-se aos objetivos e princípios da autogestão e empenhar-se para criar um processo rigoroso destinado a fomentar uma rede de seres humanos apaixonados e engajados (chame-os de pares, colaboradores, associados ou o que funcionar melhor para seu ambiente corporativo). Se você já se dedicou aos processos fundamentais de sua iniciativa de autogestão e já vendeu o conceito para a equipe de liderança, bem como para toda a organização (incluindo as partes interessadas pertinentes dentro da empresa e aliadas a ela), então você está pronto para experimentar.

Os temas abrangentes que tornam possível uma organização efetivamente autogerida são transparência, responsabilidade e clareza. Os componentes que se seguem destinam-se a instigar esses temas na empresa e torná-los reais.

Os temas abrangentes que tornam possível uma organização efetivamente autogerida são transparência, responsabilidade e clareza.

Nº 1 – IDENTIFIQUE OS PARTICIPANTES

Quem são as pessoas que precisam ser envolvidas? As partes interessadas da empresa são qualquer pessoa ou entidade impactada por ela, incluindo (mas não se limitando a) liderança da empresa, força de trabalho, afiliados, fornecedores, clientes, funcionários de instalações, acionistas, membros da comunidade impactados pela empresa etc. Quais desses indivíduos ou grupos precisarão saber sobre qualquer mudança organizacional, mesmo se tratando de uma iniciativa aberta e experimental? Seu planejamento precisará levar essas pessoas em consideração.

E quando se trata de lançar qualquer iniciativa de autogestão, a identificação clara e sistemática dos envolvidos em tarefas e/ou processos específicos (suas partes interessadas *pessoais* ou seus colegas de trabalho) é de suma importância. Essas identificações tornam possível a eficácia de um acordo entre pares, algo fundamental para uma autogestão coordenada. Quem são aqueles indivíduos que estão mais estreitamente associados ao trabalho que você, como colaborador da empresa, está fazendo? Quais são os indivíduos com maior probabilidade de serem fornecedores de recursos e insumos para seus processos? Quais pessoas provavelmente receberão os resultados de seus processos e de seu trabalho? A autogestão apresenta uma forma totalmente nova de pensar e assegurar o sucesso da colaboração, parceria e trabalho em equipe. Trata-se de pensar *horizontalmente* em termos de fornecer valor aos clientes, e não *verticalmente* em termos de burocracia.

Nº 2 – INTRODUZA O CONCEITO DE AUTOGESTÃO ORGANIZACIONAL

Se os líderes organizacionais almejam uma iniciativa de autogestão, mas ainda não a compartilharam com as pessoas, será crucial envolver-se em círculos cada vez mais amplos de reuniões e diálogos profundos, para ter a ideia de autogestão "lá fora", bem como abordar exaustivamente as questões e preocupações sobre o conceito.

O número de participantes das reuniões de "introdução ao conceito" não deve ser grande — digamos, cerca de cinco a 25 indivíduos para cada encontro. Deve-se pensar cuidadosamente na estrutura das reuniões, nas informações que os participantes possam já ter em mãos ou receber durante elas, além das respostas a possíveis perguntas. Um líder precisa ser sincero; se você não souber a resposta a uma pergunta, basta admitir isso e prometer descobrir.

Lembre-se de que as diretrizes são contrárias a todo o conceito de autogestão, portanto, se você pedir a uma força de trabalho que mantenha sua mente aberta para o conceito de autogestão, então a *sua* deve estar aberta também. A mudança nunca é fácil; dê às pessoas tempo para elas se acostumarem às suas ideias e propostas. Torne seus conceitos vívidos e relacionáveis. Considere alternativas às reuniões tradicionais, utilizando tecnologias sociais como o Open Space e o World Café (ver item Nº 9). Sendo assim, convide, inclua e inspire. Crie uma visão de um futuro desejável, que convide ao interesse e à curiosidade.

Certifique-se de dar a todos acesso fácil e aberto aos líderes. Seja receptivo a preocupações, perguntas sobre ramificações, sugestões e ideias. Seu objetivo é informar as pessoas sobre as realidades: limitações e desafios potenciais, certamente, mas em especial as oportunidades ilimitadas disponíveis como resultado de trilhar uma estrada menos percorrida. Você pode querer ter um ou dois consultores de confiança ao seu lado para lhe dar feedback sobre sua estratégia de comunicação e execução.

Após a equipe de liderança ter abençoado a experiência de autogestão, alguns veem a ampliação do círculo de comunicação como um excelente momento para ter à disposição um consultor com experiência em oportunidades e desafios de autogestão. O consultor pode não apenas abordar todas as questões e preocupações possíveis da força de trabalho, mas também, em grupos menores ou em grupos de discussão, pode fazer uso de oficinas interativas e experimentais para ajudar a dar vida à teoria da autogestão, além de torná-la real.

Muitas vezes, a simples abertura do diálogo e a apresentação de ideias, bem como de sugestões, se revelam valiosas e ajudam as partes interessadas da empresa a enxergarem a perspectiva da autogestão como um desafio instigante. Na Universidade de Phoenix, por exemplo, um líder de grupo teve a ideia de lançar um clube do livro como um microcosmo de autogestão. Saiba mais sobre isso no Item Nº 6.

Finalmente, trata-se de uma contradição usar da força para impor um sistema de autogestão organizacional, que rejeita a sua aplicação. Uma grande parte do problema com a burocracia tradicional de comando e controle é que ela atrofia as forças de liderança. Quando alguém tem o poder de simplesmente impor sua vontade a outro, torna-se fácil contornar o trabalho árduo da liderança real. Os líderes desenvolvem forças de liderança por meio do diálogo, da confiança, do respeito e da comunicação. Impor um *ditame* de autogestão, vindo de cima, é uma contradição em termos.

Nº 3 – DETERMINE O ESCOPO

A determinação do escopo não só pode ser fundamental para o sucesso de uma implementação de autogestão, mas é essencial para a adesão ao conceito antes que ele chegue à fase de implementação. A menos que a iniciativa esteja ligada a uma startup e mesmo considerando que a gigante de aparelhos Haier Group tenha executado uma implementação bem-sucedida e abrangente, com uma força de trabalho global de setenta mil pessoas[86]), meu conselho pessoal é resistir à tentação de migrar "por inteiro", especialmente se o seu modelo de negócios envolver um número significativo de processos centrais.

Tome o tempo necessário para lançar qualquer iniciativa ou experiência em etapas bem pensadas. Lembre-se, isso não serve apenas para conseguir uma implementação livre de problemas, mas também para tornar possível o marketing dos sucessos ao longo do caminho, o que pode evitar o enfraquecimento ou sabotagem total por parte dos opositores antes que a iniciativa possa se firmar. A negação normalmente surge em torno dos direitos de decisão (Nº 7), pois os indivíduos que relutam em renunciar ao poder burocrático tornam-se cada vez mais desconfortáveis. Portanto, siga passos adicionais menores para dar tempo às pessoas de se acostumarem com a ideia de poder distribuído e autogestão.

Por fim, qualquer iniciativa ou experimento deve ser suficientemente grande e visível para ter um impacto positivo, mas não tão grande e incômodo que cause caos e confusão. Sendo assim, os líderes devem gerir essa polaridade de forma proativa e elegante, para preservar os ganhos e evitar riscos desnecessários.

---

86. YONG, Hu; YAZHOU, Hao; DEARLOVE, Des; CRAINER, Stuart. *Haier Purpose: The Real Story of China's First Global Super Company*. Grã-Bretanha: Infinite Ideas, 2017.

Nº 4 – IDENTIFIQUE O PORQUÊ

Por trás da missão global da empresa estão as missões das várias áreas, equipes e afiliadas que apoiam a sua missão geral. Reforçar essas missões é o que chamamos de missões *pessoais*, as quais são separadas de todos aqueles que trabalham na empresa e negociam seus "contratos" com colegas de trabalho. Cada missão pessoal é essencial para o sucesso da empresa porque alinha os objetivos pessoais do trabalhador com os objetivos da equipe, grupo, área e da empresa como um todo, criando um cenário de ganho mútuo que se perpetua.

O alinhamento perfeito das missões multiníveis da empresa autogerida é o que a torna flexível, ágil, fluida e incrivelmente forte. As missões de apoio são dinâmicas e fluidas, em constante mudança e adaptação para se manterem alinhadas com a missão da empresa, exatamente como um veículo é projetado para permanecer alinhado com a estrada, o motorista e o destino. Pense em um carro de corrida, por exemplo: quando cada elemento do carro funciona em seu melhor e mais inovador nível— motor, suspensão, aerodinâmica, pneus, motorista e cada pequeno componente — o carro não apenas acelera pela estrada, mas também novos recordes são alcançados.

Passar pelo exercício de identificar o porquê pode ser extraordinariamente revelador. Uma vez trabalhei com uma pequena equipe executiva que vinha trabalhando em conjunto há cinco anos. Após identificar suas respectivas missões pessoais, um líder se voltou para outro e disse: "Eu não tinha ideia de que era por isso que você estava aqui." As missões pessoais devem ressoar não apenas com o dono de uma missão, mas também com aqueles com os quais ele se relaciona. Um trabalho de equipe eficaz e autogerido exige nada menos que isso.

Nº 5 – IDENTIFIQUE O QUÊ

Se a identificação de missões multiníveis é o "porquê", então identificar as responsabilidades individuais do processo é o "quê". Essas responsabilidades abrangem o que você faz, o porquê e talvez como o faz. Pode parecer óbvio, mas quando você pensa no tempo gasto em organizações burocráticas, você perceberá que não tinha ideia do que muitos de seus pares em uma organização faziam ali. Talvez você também tenha tido conhecimento de pessoas que foram contratadas para um propósito que nunca foi claro para os outros, e, assim, seu trabalho pretendido (infelizmente) se perdeu no caminho. Na autogestão, suas responsabilidades pessoais de processo são aqueles resultados pelos quais um colega concorda em ser totalmente responsável, incluindo resultados de desempenho. Eles são chamados de KPIs, métricas, medidas, ou "os números". (A Google e muitas outras empresas de tecnologia utilizam um sistema chamado OKRs: Objetivos e Resultados-Chave). Nesta seção, vamos chamá-los de "medidas".

As medidas devem ser contínuas e transparentes quadros de resultados que gamifiquem o desempenho para que um indivíduo e seus colegas possam, a qualquer momento, ver os resultados e garantir que todos mantenham seus compromissos com seus pares. (A Morning Star inspirou-se no livro *O jogo do trabalho,* de Charles Coonradt[87]). Deve-se observar que as medidas não estão necessariamente *disponíveis* apenas para revisão; acordos entre pares podem detalhar quais indivíduos são *diretamente responsáveis* por sua avaliação, e em quais intervalos. Lembre-se, porém, que todos os membros da empresa são sempre responsáveis por qualquer preocupação ou questão que entre em seu escopo de conscientização. As medidas, portanto, são ferramentas vitais para a organização autogerida, garantindo que pouco possa escapar pelas brechas ou, como no caso da W.L. Gore, penetrar o casco abaixo da linha de flutuação. Em nossa nova era de virtualidade, realidade aumentada e outras formas de perceber o mundo, as medidas também podem consistir em conteúdo de vídeo, áudio e imagem para transmitir

87. COONRADT, Charles. *O jogo do trabalho*. Rio de Janeiro: Sextante, 2008.

desempenho (por exemplo, entrevistas em vídeo com clientes para avaliar satisfação e felicidade).

Sempre sugiro que as pessoas identifiquem medidas que sejam significativas para elas, para a saúde do negócio e de seus pares. Todos os envolvidos precisam medir ativamente se as coisas estão melhorando, aprimorando, piorando, ou permanecendo do mesmo jeito. Os quadros de resultados que os colaboradores escolhem podem ser qualquer coisa que funcione para eles; ninguém dita como medir os processos para os quais eles, de fato, são os administradores. As medidas devem ser simplesmente tão objetivas quanto possível. E os benchmarks são importantes.

Na Morning Star, por exemplo, as medidas são chamadas de Degraus, porque os colaboradores as consideram como degraus da perfeição, a referência máxima da Morning Star em todas as áreas. Os colaboradores da Morning Star podem nunca alcançar a perfeição absoluta, mas raciocinam: "Por que iríamos querer almejar menos do que isso?" Uma caldeira, por exemplo, nunca gerará vapor com cem por cento de eficiência (essa caldeira ainda não foi inventada), mas esse é um objetivo, e o desafio é ver o quão perto se pode chegar da perfeição[88].

Nesse sentido, a perfeição para se medir a eficiência é atingir cem por cento dela. A perfeição para uma medida de custo é de zero dólares. Jogar contra a perfeição é uma forma de liberar o pensamento criativo e inovador. Uma organização inteira cheia de pessoas inovadoras teorizando formas de reduzir radicalmente os custos ou aumentar a eficiência, proporciona uma poderosa vantagem estratégica e competitiva. Pode também ser muito divertido para os que jogam o jogo do trabalho.

88. Perfeição no golfe é acertar 18 buracos, mas parece improvável que alguém consiga essa pontuação.

Nº 6 – CRIE UMA ESTRUTURA PARA A CRIAÇÃO DE COMPROMISSO E A SUA MANUTENÇÃO

A manutenção do compromisso é extremamente importante porque constitui a metade da base da autogestão em si. A autogestão tem tudo a ver com o fluxo constante de solicitações e compromissos entre pares, o que forma a maior parte da conversa substantiva sobre o trabalho. Os compromissos bem construídos incluem a negociação de condições de satisfação, desempenho, declarações recíprocas de entrega e aceitação, e encerramento.

Os compromissos podem ser de longo prazo, recorrentes e contínuos. Eles são prontamente memorizados em um acordo entre pares. Alguns deles podem ser de curto prazo, ad hoc, ou singulares. Essas outras modalidades, mesmo não registradas, são absolutamente críticas para o sucesso organizacional. É imperativo que os autogestores desenvolvam compreensão e experiência nos atos de discurso que formam a base de um compromisso eficaz.

A líder da unidade de TI, Stephenie Gloden, da Universidade de Phoenix, estava procurando uma abordagem organizacional para ajudar sua equipe a superar os aspectos contraproducentes da hierarquia quando conheceu meu livro, *Beyond Empowerment*. Ela teve a ideia de formar um clube do livro como uma forma de fazer com que sua própria equipe de liderança lesse o livro e visse que partes da autogestão eles poderiam adotar para transformar seu ambiente. Sua equipe revisou a filosofia e as práticas de autogestão organizacional do livro e adotou um projeto de transformação, que levou um ano para ser implementado com sucesso em toda a equipe. Começou com a socialização dos conceitos com seus pares, enquanto se descobria como se relacionar efetivamente com a organização maior e hierárquica. Os colaboradores desenvolveram acordos informais de nível operacional entre si. Tais acordos compreendiam como eles queriam se tratar, como dependeriam uns dos outros e como se responsabilizariam uns pelos outros. Os pares aprenderam a dar um passo à frente e os líderes aprenderam a recuar, bem como a dar espaço às pessoas para resolverem os problemas por conta própria.

Quando trabalho com empresas objetivando garantir o sucesso de suas iniciativas de autogestão, dedico uma boa parte do tempo no ciclo de vida e na estrutura dos compromissos, pois são ferramentas extremamente poderosas na autogestão. O fluxo de compromissos é a energia vital de cada organização. Em termos simples, os *compromissos são a forma como o trabalho é feito.*

Em uma masterclass, analisamos vários tipos de compromissos e dedicamos uma boa parte do tempo delineando suas estruturas. Os participantes praticam suas novas habilidades fazendo vários compromissos de trabalho uns com os outros, que seguem um ciclo de vida e uma estrutura bem definida (Veja o diagrama a seguir.). Para obter uma maior compreensão, recomendo que leia mais sobre a brilhante teoria de compromisso de Fernando Flores, consultando no Google os numerosos artigos e discussões disponíveis on-line (Fernando Flores é citado nos Capítulos 5 e 7 deste livro).

FLUXO BÁSICO DE AÇÕES DE TRABALHO

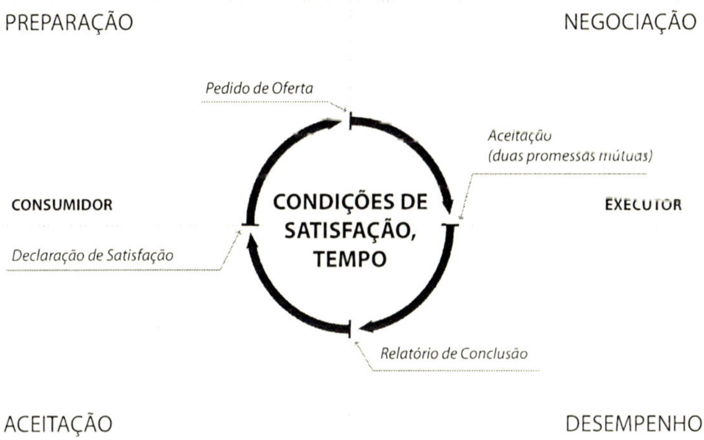

"Fluxo Básico de Ações de Trabalho" do dr. Fernando Flores e seus colaboradores é licenciado pela Creative Commons Attribution 3.0. Disponível em: www.creativecommons.org/licenses/by/3.0/.

Nº 7 – DETERMINE OS DIREITOS DE DECISÃO

Sem dúvida, esta pode ser uma das etapas mais difíceis de uma experiência ou processo de implementação, certamente no esforço de reorganizar uma hierarquia burocrática existente, transformando-a em uma rede dinâmica e autogerida de colaboradores sem títulos, mas também para uma startup. Isso porque mesmo uma startup precisa recrutar sua força de trabalho de outras empresas, e os seres humanos trazem seus modos e hábitos de empregos anteriores — e seus traços de personalidade arraigados — com eles quando entram pela porta.

Em suma, as pessoas podem ter dificuldade em renunciar ao poder, status, posição e privilégio. Muitas estão tão acostumadas a serem identificadas por tais denominadores, que perderam a confiança em sua capacidade de serem valorizadas com base no desempenho e na capacidade de trabalhar com outros. Em um ambiente autogerido, os direitos de decisão geralmente pertencem àqueles que estão mais próximos da tarefa em questão ou que têm a habilidade e a experiência para avaliar adequadamente os resultados em uma determinada área. Já nas hierarquias burocráticas, por outro lado, os gestores designados de outros normalmente possuem os direitos de tomar decisões, independentemente de quão próximos estão dos resultados. Além disso, é comum que os direitos de decisão sejam mal definidos nos ambientes de trabalho convencionais, ou não sejam definidos de forma alguma, criando confusão e conflito.

Organizações autogeridas reconhecem que um componente importante para garantir o sucesso da empresa é a capacidade de definir claramente os direitos de decisão. Direitos de decisão bem definidos são cruciais na autogestão para garantir a responsabilidade. Eles podem ser negociados e renegociados conforme necessário, considerando que tal indivíduo possui o maior nível de especialização em uma determinada área, ele se tornará responsável, de forma típica, pelas decisões que dizem respeito a ela. A autogestão não requer um "chefe" humano porque a transparência e clareza do processo — mais os direitos de decisão relacionados — tornam claras as responsabilidades. Portanto, em uma empresa verdadeiramente aberta e autogerida, não existe lugar para se esconder.

Nº 8 – CRIE E INCENTIVE CICLOS DE FEEDBACK

A autogestão tem tudo a ver com o fluxo constante de feedback em relação aos comportamentos, sugestões de melhoria contínua, inovação e muito mais. A rede autogerenciada percorre continuamente um gigantesco ciclo de feedback. Não importa a forma que os membros da empresa possam permitir, apoiar, facilitar e melhorar o processo de ciclo do feedback, isso é o quão mais eficaz o processo será. Isso faz valer a pena dedicação e consideração no começo de qualquer iniciativa de autogestão. O que nos leva a...

Nº 9 – IDENTIFIQUE E INCORPORE SISTEMAS E FERRAMENTAS DE TECNOLOGIA SOCIAL

Os sistemas e ferramentas sociais têm tudo a ver com a forma como as pessoas se relacionam umas com as outras. Na empresa autogerida de hoje, novas ferramentas e tecnologias sociais ajudam a organização a respeitar as vozes dos indivíduos e a promover a inclusão. Afinal de contas, todos, por mais introvertidos que sejam, merecem a oportunidade de serem ouvidos. No entanto, isso não é normalmente possível na organização tradicional, onde os canais de comunicação são construídos em torno de apresentações, reuniões e relatórios de status. Oportunidades infinitas de compreensão e comunicação entre os pares se perdem em um ambiente assim. Todavia, utilizando-se de ferramentas como OpenSpace e o The World Café, os autogestores podem garantir que a voz de todos seja ouvida.

Novos meios de permitir uma comunicação rica estão surgindo regularmente. Rod Collins, ex-chefe executivo operacional do

Blue Cross Blue Shield Federal Employee Program e autor de *Wiki Management: A Revolutionary New Model for a Rapidly Changing and Collaborative World*, compartilha um exercício que ele chama de "O Conjunto Elegante", um método de agregar rapidamente a inteligência coletiva em uma sala repleta de stakeholders[89]. Keith McCandless e Henri Lipmanowicz, coautores de *The Surprising Power of Liberating Structures: Simple Rules to Unleash a Culture of Innovation*, também descrevem vários exercícios simples, mas poderosos, destinados a desencadear a inovação e o desempenho por meio do engajamento[90].

Na medida em que forem adotadas e implantadas, as tecnologias sociais, que são ferramentas libertadoras, exercerão uma pressão considerável sobre as organizações tradicionais para, bem, *liberar* as pessoas. Uma vez expostas a estas tecnologias, as pessoas *esperarão* ter uma voz e que essa voz seja ouvida.

Nº 10 – DEFINA A VISÃO DE MUNDO DE SUA EMPRESA: COMECE COM OS PRINCÍPIOS

Falamos bastante sobre a importância das declarações de Princípios, Filosofias, Valores Fundamentais e o Estatuto (ou documento semelhante a um estatuto) de uma empresa. Sem clareza sobre o que guia a companhia, o navio da empresa fica sem direção, e qualquer estrutura organizacional (ou não estrutura, no caso da autogestão genuína) se construiria sobre areia movediça. Além disso, os acordos entre pares que são tão centrais para o sucesso de uma empresa autogerida (dado seu papel na substituição da dispendiosa burocracia) não terão fundamento.

89. COLLINS, Rod. *Wiki Management: A Revolutionary New Model for a Rapidly Changing and Collaborative World*. Nova York: AMACOM, 2014.

90. MCCANDLESS, Keith; LIPMANOWICZ, Henri. *The Surprising Power of Liberating Structures: Simple Rules to Unleash a Culture of Innovation*. Seattle: Liberating Structures Press, 2013.

Para ser franco: o sucesso dos acordos entre pares se baseia nos princípios da empresa. As pessoas têm livre-arbítrio? A força ou coerção é aceitável? Qual é a importância do compromisso? As pessoas podem se gerenciar no trabalho? A filosofia, como se vê, é importante! Enquanto muitas pessoas estão ansiosas para se lançar diretamente às ferramentas e práticas, a melhor abordagem é começar com princípios, permitir que eles guiem a adoção de ferramentas e práticas.

Para ser franco: o sucesso dos acordos entre pares se baseia nos princípios da empresa.

Nº 11 – CRIE UM MODELO EMPRESARIAL DE ACORDO ENTRE PARES

Acredito que Acordos entre Pares por escrito (o que a Morning Star chama de "Carta de Entendimento entre Colaboradores") são extremamente valiosos em qualquer implementação de autogestão. Eles minimizam a ambiguidade e ajudam a garantir clareza e transparência, que são tão importantes para um alto desempenho em uma empresa. Além disso, eles também ajudam a reduzir o número de possíveis pontos de entrada para os efeitos destrutivos da não entrega de responsabilidades, falta de engajamento, influência tóxica, politicagem, sede por poder e similares. *O Acordo entre Pares é a estrutura organizacional que substitui a burocracia e dá voz a cada colaborador.*

É importante ressaltar que o próprio processo de ter que pensar cuidadosamente o acordo entre pares ajudará você e seus colaboradores a solidificar a visão de um ambiente de trabalho autogerido, agora compartilhado por toda a empresa.

Nesse sentido, um acordo entre pares pode ser o que você quiser que ele seja. Não há um modelo único para tais acordos, mas todos eles devem incorporar por referência a(s) declaração(ões) de princípios e filosofias da empresa, incluindo a sua missão e o seu objetivo. A seguir, apresento dois exemplos de modelos utilizados pelas organizações com as quais trabalhei.

O modelo [1] é um exemplo de um documento simples que deixa pouco espaço para a autointerpretação e caminha no sentido de que o negócio da empresa possa fluir sem obstáculos. Esse acordo entre pares pode ser facilmente alterado para acomodar novos anéis ou adicionais de responsabilidade, conforme a necessidade.

O modelo [2] é uma abordagem mais visual para um acordo entre pares, mostrado como uma "tela" com o propósito de cada colaborador no centro.

ACORDO ENTRE PARES

NOME:

DATA:

COLEGAS DE TRABALHO:

PROPÓSITO:

1. Por que eu quero trabalhar aqui?
2. O que significa excelência no papel que eu desempenho?
3. Como o que eu faço ajuda a cumprir a missão dessa empresa?

COMPROMISSOS DE PRESTAÇÃO DE CONTAS DO PROCESSO	PLANEJANDO	ORGANIZANDO	CONTROLANDO	SELECIONANDO	COORDENANDO	DIREITO DE DECISÃO	QUADROS DE RESULTADOS

AUTOGESTÃO — FOLHA DE TRABALHO

PRINCÍPIOS

Responsabilidades de processos e estratégias

O QUE EU FAÇO?

PLANEJANDO	ORGANIZANDO	CONTROLANDO	SELECIONANDO	COORDENANDO

Direitos de decisão

METAS E OBJETIVOS

Onde e quando trabalho?

Como eu lido com conflitos?

PROPÓSITO (O PORQUÊ)

Por que eu escolhi trabalhar aqui? O que significa excelência no papel desempenhado por mim? Como o que eu faço impacta positivamente na empresa toda?

Como eu meço o que eu faço?

CONHECIMENTOS E HABILIDADES

Quem são meus colegas responsáveis?

O que me motiva?

Como eu quero que as pessoas trabalhem comigo?

RECURSOS NECESSÁRIOS

Além de desenvolver Acordos entre Pares, os líderes devem realizar o trabalho inevitavelmente árduo de criar processos de apoio para a gestão de conflitos, contratação e demissão, compensação, e outras funções que incorporem os valores e princípios de sua empresa autogerida.

Nº 12 – CRIE UMA ESTRUTURA DE APRENDIZAGEM E DESENVOLVIMENTO (SUSTENTAÇÃO)

Fornecer uma plataforma de aprendizagem e desenvolvimento pode ajudar a ampliar as habilidades de autogestão que as pessoas já possuem, assim como ajudá-las a desenvolver o know-how empresarial. Como já assinalei anteriormente, este tipo de ensinamento também serve para ajudar a autogestão a se sustentar e se perpetuar à medida que novas contratações chegam e as pessoas se movimentam na rede de equipes e funções conforme necessário.

A Morning Star formou vários grupos de colaboradores em seu miniprograma de MBA, detalhado no Capítulo 8, que ofereceu cursos e módulos em estratégia, gestão de processos de negócios, educação financeira e habilidades gerais de negócios (negociação, mediação, entrevistas, liderança e trabalho em equipe). Foi uma abordagem holística, oferecendo desenvolvimento de habilidades (por exemplo, em estratégia) que poderia ser aplicada de forma holística tanto no trabalho quanto na vida pessoal.

Sua plataforma educacional — mesmo que seja lançada apenas com um curso ou dois — pode ser projetada internamente ou com ajuda externa para atender às demandas e necessidades das partes interessadas da empresa. Pense nas exigências de aprendizagem de um ecossistema de autogestão sustentável em sua empresa. Considere iniciar um clube do livro para gerar interesse, diálogo e impulso (um "exercício" do microcosmo que espelha a abordagem de Stephenie Gloden) e você pode se surpreender com a quantidade de energia humana que é liberada. As pessoas adoram compartilhar o que sabem com os outros, para ajudá-las a evitar a reinvenção de rodas que já estão rodando. Encoraje os alunos a ensinar os outros — isso incorpora o aprendizado de forma mais profunda.

E não se esqueça da tecnologia: com a proliferação dos Sistemas de Gestão de Aprendizado, plataformas adaptativas de aprendizagem e microaprendizagem, o único limite educacional da empresa baseada no Poder do Empowerment é o céu.

CONCLUSÃO

BASEANDO A SUA REALIDADE NO "EMPOWERMENT"

O sucesso não é a chave para a felicidade. A felicidade é a chave para o sucesso. Se você ama o que faz, você será bem-sucedido.

— ALBERT SCHWEITZER, TEÓLOGO, ESCRITOR, HUMANITÁRIO, FILÓSOFO E MÉDICO

ATENTE-SE À CITAÇÃO acima e multiplique-a pelo número de funcionários que você tem atualmente, ou pelo número com o qual você lançará seu novo empreendimento. Seja uma startup com cinquenta funcionários, ou uma empresa global com cinquenta mil funcionários, você consegue imaginar um ambiente de trabalho com quase cem por cento de engajamento? Uma empresa povoada por pessoas genuinamente felizes que gostam, amam ou apreciam o que fazem nos dois terços da vida que muitos outros indivíduos só percorrem para chegar à aposentadoria?

Esse é o tipo de empreendimento que os líderes empresariais com visão de futuro almejam. Eles sabem que uma empresa que fomenta continuamente sua própria rede de colaboradores engajados, conectados, entusiasmados e inovadores é um local que não é limitado pelos males das hierarquias organizacionais de comando e controle de antigamente. É uma empresa que, tendo a excelência como referência e farol, pode alcançar praticamente qualquer coisa que seus constituintes possam sonhar.

Sem limites e sempre em frente

Neste livro, vimos como o colapso da burocracia no ambiente de trabalho significa que o futuro não é mais algo sobre o qual os líderes empresariais só podem sonhar. O futuro está aqui, agora mesmo, e está se movendo a uma velocidade exponencialmente maior a cada ano.

Fomos capazes de prever um vasto desfile de talentos humanos e um entusiasmo pela colaboração e inovação que está disponível para a empresa, mas que tem sido mal utilizado prejudicando *tanto* o trabalho humano *quanto* o mundo dos negócios em geral.

Nós olhamos para os modernos motores de "achatamento" nas corporações nacionais e globais, e vários modelos de força de trabalho que existem ao longo de um processo contínuo que se estende desde a escravidão, passando por estruturas de governança achatadas, até a pura autogestão.

Visitamos implementações do mundo real de autogestão que incluem algumas das empresas mais inovadoras e bem-sucedidas do mundo, empresas tanto gigantes quanto pequenas, domésticas e globais, anteriormente seguidoras de uma burocracia em decadência ou que ainda estão começando do zero. Analisamos organizações prósperas, genuinamente autogeridas, empresas que optaram por versões modificadas de autogovernança, até mesmo empresas que lançaram formas de autogovernança que agora precisam ser reavaliadas.

Dentro de um poderoso guia de autogestão, consideramos todos os pontos importantes para ajudar qualquer líder de empresa ou equipe de liderança a defender a autogestão junto às partes interessadas. E como qualquer bom guia faz, fornecemos as instruções básicas para percorrer o caminho. No entanto, quais são os marcos ou obstáculos ao longo da jornada?

Abordamos FAQs, perguntas comuns (e não tão comuns), bem como pensamos nas inúmeras considerações e implicações da autogestão. Também direcionamos você, líder ou dono de um negócio, por meio de um processo de autoavaliação, tanto pessoal quanto empresarial. É um processo essencial para qualquer transição bem-sucedida para a autogestão. Nenhuma mudança organizacional radical com toda a promessa que a autogestão declara, pode ser bem-sucedida sem um líder ou líderes totalmente comprometidos ao leme. A autogestão, em particular, requer pessoas visionárias que entendam que a humanidade e os grandes negócios estão inextricavelmente entrelaçados.

Mais importante ainda, um verdadeiro visionário sabe que empresas, organizações e equipes são conceitos (até mesmo países são conceitos), mas quando se trata de negócios, os seres humanos são as únicas coisas que são *reais*. Eles consomem produtos e serviços, constroem e criam coisas, imaginam coisas, e inovam sem parar. Se os negócios são sobre seres humanos, então não precisamos nos preocupar com eles, apoiá-los e nutri-los, considerando tudo o que eles dão a nós e ao mundo? Quando fazemos isso e, consequentemente, entregamos ao mercado produtos e serviços que foram produzidos com paixão, cuidado e amor, somos recompensados por um mercado que nos eleva cada vez mais alto. Acima de tudo, somos elevados por um bem comum e uma luta pela excelência que o mundo precisa urgentemente neste momento.

Em termos mais simples, a autogestão é o caminho claro para o ambiente de trabalho mais humano, que há muito tempo é esperado.

A autogestão é o caminho claro para o ambiente de trabalho mais humano, que há muito tempo é esperado.

Felizmente, para o presciente líder empresarial, a autogestão também é o meio para uma empresa que não conhecerá limites para o sucesso, pois não está mais vinculada a uma burocracia inútil. Nunca houve um momento melhor para aproveitar o dia e abraçar um futuro que recompensa a coragem na liderança. *Carpe diem.*

Algumas reflexões finais

Lembro daqueles anos, muito tempo atrás, quando minha professora da primeira série nos pediu para colorir com um lápis de cera marrom e decidi usar um preto e um marrom em vez disso, por isso fui sumariamente repreendido. Como compartilhei no início deste livro, fiquei fascinado com a tensão entre liberdade organizacional e responsabilidade desde então, e aprendi que a autogestão organizacional é real, funciona e impulsiona um desempenho empresarial superior.

Agora, eu gosto de compartilhar o que aprendi com líderes em todos os EUA e em todos os cantos do mundo; de Xangai a Estocolmo, Sérvia a Sibéria, São Paulo a San Antonio. A oportunidade de participar da aprendizagem ao longo da vida e compartilhá-la com os outros é minha paixão.

Também acredito que nós, profissionais, estamos nos ombros de gigantes: pessoas como o dr. Peter Koestenbaum (filósofo da liberdade e da responsabilidade no trabalho), Fernando Flores (teórico da inteligência artificial e dos atos de fala) e Dee Hock (fundador da Visa, autor e pensador organizacional), além de muitos outros pioneiros. Sou grato a todos esses ombros.

Meu sonho é que as gerações atuais e futuras possam ver o trabalho como uma parte energizante e vibrante da vida e não como algo que se deva fazer para ganhar dinheiro para se aposentar. Saúdo o contato com todos aqueles que compartilham esse sonho. Se este tópico lhe interessa e você quiser saber mais, sinta-se à vontade para entrar em contato no LinkedIn, Twitter ou em: www.nufocusgroupusa.com.

UMA PAIXÃO PELA LIBERDADE E RESPONSABILIDADE NO TRABALHO

As culturas de trabalho parecem estar em um ponto de virada na defesa da transcendência de burocracias ultrapassadas — o interesse sobre os benefícios de criar ambientes de trabalho envolventes, onde todos têm uma voz, está aumentando em todo o mundo. Ambientes laborais que inspiram e libertam as pessoas, bem como respeitam a vida adulta inerente dos colaboradores, terão uma vantagem competitiva estratégica no futuro do trabalho. Estamos indo rapidamente além da teoria e nos transformando em exemplos do mundo real.

Nossa esperança é que este livro ajude a acelerar a apreciação dessas realidades por líderes que podem fazer a diferença. Voltamos recentemente da China, onde um CEO de uma manufatureira declarou sua intenção de converter toda sua força de trabalho de três mil pessoas em um ecossistema autogerenciado, onde as pessoas são totalmente responsáveis umas pelas outras — não por chefes em um organograma.

Estamos sempre felizes em nos conectar com qualquer pessoa que queira aprender como fazer as organizações prosperarem com líderes engajados, inovadores e autodirigidos. Para entrar em contato conosco, visite nosso site: www.nufocusgroupusa.com

AGRADECIMENTOS

Este livro reflete a sabedoria duramente conquistada, a percepção aguçada de várias pessoas muito importantes e reúne a energia de várias comunidades valiosas.

Primeiro, quero agradecer ao meu amigo e mentor Peter Koestenbaum, PhD, autor do livro *Leadership: The Inner Side of Greatness* e fundador do Koestenbaum Institute. Após parte da infância vivida na Alemanha de Hitler, ele embarcou em uma vida de ensino, escrita e consultoria de sucesso. Ele continua sendo um incansável defensor da autogestão organizacional e do respeito pela profundidade e complexidade da mente de liderança.

Agradeço às pessoas inspiradoras que compartilharam livremente seus conhecimentos e sabedoria, que foram cruciais ao longo dos últimos anos: Brian Rocha, da Fresh Fill; Stephenie Gloden, do Apollo Group; Lori Kane, EdD do Collective Self; Jos de Blok, fundador da Buurtzorg; Zhang Ruimin, fundador da Haier Group; Debra France, EdD da W.L. Gore & Associates; Chuck Blakeman, do Crankset Group; Traci Fenton e Miranda Ash, da WorldBlu; Tony Bingham, da Associação para Desenvolvimento de Talentos; Gary Hamel e Michele Zanini, da Management Information eXchange; Tom Thomison, do Encode.org; Michael Pacanowsky, do Center for Innovative Cultures; Paul Green Jr., da Universidade do Texas; John Thompson, da People-Centric Organizations; Milton Pedraza, do Luxury Institute; Dawna Jones, da InSight Out Consulting; Matt Perez, da Nearsoft; Scott Heiferman, do Meetup; Mario Kaphan, da Vagas; Margaret Heffernan, autora e formadora de opinião; Robin Zander, da Responsive; Jose Leal da Radical; Susan Basterfield, da Enspiral; Alanna Irving, do Open Source Collective; Josh Allan Dykstra, da Helios; Ken Everett, da N2NHUB; Pim de Morree e Joost Minnaar, da Corporate Rebels; Jurgen Apello, defensor da Gestão 3.0; Evan Leybourn, do Business Agility Institute; Ben Roberts, do

Conversation Collaborative; Achim Nowak, da BRILLIANT BEST; Ruth Simone, da Luminare Coaching; Daniel Mezick, da New Technology Solutions, Inc.; Jon Husband, formador de opinião; Maria Spindler, fundadora da COS-Journal; Keith McCandless, da Liberating Structures; Nand Kishore Chaudhary, fundador da Jaipur Rugs; e Ricardo Semler, da Semco Partners e autor de *Virando a própria mesa* e *Você está louco!*. Sou profundamente grato por cada bate-papo que tive com essas pessoas inspiradoras, assim como a muitas outras, que fazem parte de uma lista muito grande para citar aqui.

Minha colega de trabalho do NuFocus Strategic Group, Suzanne Daigle, é uma pessoa inspiradora e uma incansável incentivadora, bem como defensora dos ambientes de trabalho autogerenciados, orientados para um propósito e inclusivos para a geração em ascensão.

Roger Burlton e Sasha Aganova do Process Renewal Group são profissionais visionários na execução superior de processos de negócios, que, de forma generosa, fornecem plataformas, energia pessoal e conteúdo para defender a autogestão organizacional.

Agradeço à minha mentora de debates do ensino médio e maravilhosa amiga, Susan Rowberry Davis, que me deu a habilidade de fazer boas perguntas e boas anotações, que frequentemente é útil ao escrever um livro.

Muito obrigado a todos os amigos e colegas de múltiplas organizações e comunidades dos quais eu obtive energia e paixão: Great Work Cultures, Associação para Desenvolvimento de Talentos, Center for Innovative Cultures, Rework CEO, Work Revolution, Responsive, People-Centric Organizations, Radical, Business Agility Institute e muitos outros. O trabalho deles é inspirador e está transformando o mundo.

Um profundo agradecimento vai para Chris J. Rufer, um empresário extraordinário e fundador da The Morning Star Company, com quem aprendi a maior parte do que sei sobre negócios. Ele insistiu que nossa equipe de liderança inicial lesse um livro recém-publicado, *Vencendo a crise*, de Tom Peters e Robert H. Waterman. Minha resposta a esse livro cristalizou, ao longo da minha vida, uma curiosidade sobre organizações de alto desempenho e como elas funcionam.

Finalmente, quero agradecer aos meus amigos e colegas da The Morning Star Company, do passado e do presente, por manifestarem corajosamente a autogestão todos os dias no trabalho. Eles são verdadeiros pioneiros.